JN190018

続けない働き方。

キミを解き放つ、たったひとつの方法

後藤 達哉
Tatsuya Goto

Preface まえがき

人生とは何か？　仕事とは何か？　お金とは何か？

――これらの質問に「自分は淀みなく答えられるよ」というなら、この本は必要ありません。でも、この本を手にとったあなたは、きっとまだ明快な答えを持っていないのではないでしょうか。

「人生の楽しみ方の大部分は、20代から30代で9割決まる」と言われています。それは、人生の繁盛期にあたる30代・40代を、いかに実りあるものにできるか？　という課題と関わってくるからです。

そのために必要なのが、冒頭の問いかけ。

その課題に対して僕が提案する武器は「続けない」、そして「逃げる」です。

「え？　いったいどういうこと？」と思われるなら、もうちょっとだけお付き合い願います。

人は誰しも成長し、そして自立します。親から、教師・学校から。

その瞬間、社会のど真ん中に一人さらされます。

そう、誰もが「正解のない世界」に放り出されていくのです。

直面する様々な難問、難題。学校の勉強のように答えは簡単には見つかりません。

人間関係に不安がある。自信が持てない。周りを見渡せば、誰かしらメンタルに不調を抱えている。将来に不安がある……。

「だけど、何となく生活していける」「食べていける」「何となく平和な気もする」――古市憲寿さんが著書に『絶望の国の幸福な若者たち』（講談社）とタイトルをつけた通りだ、と感じます。

昭和、平成から令和へと、時代は変わりました。人生の楽しみ方が極端に変わったわけではありませんが、「自分との向き合い方」が重視される時代になってきました。

Preface まえがき

僕はまだ30代前半で、社会ではまだ「若造」の域でしょう。だけど、このあとの「プロローグ」だけでも読んでいただければ、「ちょっとは面白い経験を積んで、ちょっとは面白い話のできるやつだ」と感じていただけると思います。

様々な人生訓では、「過去の自分がいまの自分を作り、いまの自分が未来の自分を作る」という法則が語られます。だから、過去やいまの僕というフィルターを通して、未来の「僕たち」の人生をより良いものへと変えていける提案ができる、と信じます。

人生の選択は毎日起きています。そして、時には厳しい選択を迫られたりします。

本書を通じて、新しい自分との向き合い方を知り、人生を変えていくきっかけを得て、そして楽しむことを肯定し、思い出し、輝ける自分を信じられるきっかけを得てくれたなら——

著者として、これにまさる喜びはありません。

目次

Contents 目次

Part 1

Work 仕事

「本当にやりたい仕事の見つけ方」

嫌な仕事から逃げよう！
ドMからドSになれ！

Part 2

Relationship

人間関係「一生の仲間との出会い方」

Contents 目次

Part 3

Career キャリア

「オンリーワンになる働き方」

頑張ることから逃げよう！フリーダムサラリーマンのススメ

Contents 目次

Part 4

Money お金

お金の不安から逃げよう！「もらう思考」から「稼ぐ思考」へ

「お金に縛られない考え方」

Part 5

Way of life

生き方

「後悔しない生き方、後悔し続けない生き方」

憧れから逃げよう！
執着から逃れた先に本当の自分がいる

Contents 目次

Tomorrow is another day

逃げて、逃げる——新しい一歩の始め方

過去の僕の話をすることから、本書を始めたい。

僕の10代は親の期待——いや、期待されていると勝手に自分で思い込んでいたと言った方が適切だけど——そういったお手本や決められた社会のルールに忠実に生き、学ぶことに費やされた。

そしてそれら社会のルールからはみ出すことなく歳を重ね、無事名門大学を卒業して、大手有名企業に就職することができた。


しかし僕の中の地獄はそこから始まる。

右へならえのサラリーマン社会。

何となく言われたままに動き、評価を受けて、「すごい会社にいるね！」「肩書も働く環境も給料も羨ましいね！」と憧れの眼差しを向けられる。

そこだけ切り取れば、不満なんて贅沢な話だ。

だけど、苦しい。全然楽しめない。
やりたいことがなくなり、日に日に心の叫びが身体を蝕んでいく感覚。
あとで説明する言葉だが、この時期の僕は完全な《ビビリーマン》だった。

ここでようやく、名門大学を卒業し、知名度抜群の会社に就職したことと、それで幸せを感じるかどうかは全く関係ないことにはじめて気づいた。

そして何より苦しいこと。
それは、いままで頑張ってきた過去を捨てられないこと。
せっかく手に入れた「これまでの人生の選択の結果」を拒否して「新しい生き方」に舵を切る勇気が出せない。その現実が僕を心底苦しめた。

そしてある日、とうとう苦しみの限界値を超え、僕は会社から逃げた。

引きこもり生活が始まった。そうすると、またしても「がんばって努力して手に入れた、社会的に見ればそれなりのエリートというレッテル」が自分を苦しめ始めた。

「自分は社会不適合者なのかも……」「いまの自分から逃げられるなら逃げたい！　逃げられないなら死んだ方が楽かもしれない……」

追い詰められ、真剣に死さえ考える日々……。

そんな僕に転機が訪れる。

自分の生きづらさを社会や親のせいにして「これまでがんばってきたのに」と母にあたってしまった。

「達哉。私はがんばってほしいなんて頼んでないわよ。それにあなたが思っているほど、私はあなたに期待しているわけではないのよ」

母の言葉だ。

当時の僕にはとてもこたえた。

突き放された感覚。

しかし、そのおかげで、苦しみの原因になっていた「周りからどう見られているのか」という不安や強迫観念、そして「ひたすら努力して手に入れた成功」という思い込みが吹き飛んだ。


「逃げていいいんだ！　その方が楽になれるんじゃないか」


――と、まるで真夏に冷水を浴びたように、衝撃を伴って目覚めた。

（だからいまでは、母の言葉は親の愛情だったとわかる）

僕が自分自身を縛っていた「思い込み」の鎖は、まったく実体のないものだったのだ。

逃げて、その先にあるものを手に入れろ

もちろん、僕がこの本で伝えたいのは、単純に「現実から逃げて楽になろう！」って話じゃない。

詳しくは本文に譲るけど、**本来必要のない縛りや思い込みから逃げて、「《楽しい》を選び、作り出そう」、ということを伝えたいのだ。**

まず、自分の本心と向き合うことだ。

「自分は、本当は何をしたいのか？」「いまの自分の心は何を望んでいるのか？」など、自らの心に問いかけてほしい。

その際、「もっと頑張らなきゃ！」とか、「もっと我慢しなくてはならない！」といった〝べき論〟〝強迫観念〟から堂々と逃げるのだ。

そう、**逃げて、逃げて、逃げまくる。**

冒頭から言ってしまうが、本書の結論はこれだ。

逃げて、逃げて、そして自由になる。自由になって「楽しい」を選ぶ。作り出す。


でもそれは想像以上に大変だ。

敷かれたレールの上で昨日と同じ今日を生きるのではなく、自分のアタマで考えなくてはならないから。

昨日と違う今日、今日とは違う明日を生きようとすれば怖さが出てくる。当然、それにはリスクもある。

けれどリスク自体は本物だとしても、それに対する恐怖心は「自分の勝手な思い込み」だ。それに気づけたらあなたは変わり出す。間違いなく。

《楽しい》を選ぶというけれど、それは何も起業や独立だけを意味するものではない。

「考え方」や「心のあり方」を変えれば、サラリーマンでも《楽しい》を選ぶことは可能になる。

なによりの実例は、僕だ。**《楽しい》を選ぶ——そんな働き方、生き方を志して、これまで11年以上、サラリーマンをやってきている。**

一言で言えば「続けない働き方」だ。

具体的には、最初の会社で人生の挫折を味わって1年で退社したあと、株式会社ポケモンに入社。25歳でトップセールス、27歳で最年少マネージャーに就任。プロモーション、ブランディング等に携わった。

その後、株式会社電通、株式会社レベルファイブにて妖怪ウォッチのライセンスビジネス、映画やアニメのプロデュースに従事。

そして上場前のウォンテッドリー株式会社からスカウトを受け、アライアンス部門立ち上げ責任者として入社。数々の大企業と業務提携等コラボレーションを手掛け、上場に導いた。また、その傍ら複数の有名私立大学のキャリア教育の授業等に登壇し、啓蒙活動を行ってきた。

その後、MAMORIO株式会社の社長からスカウトされ、また転職。アライアンス事業部長として、ディズニーをはじめとするキャラクターライセンスのプロジェクトを立ち上げた。

華麗な経歴を自慢したい、わけではない。

冒頭に書いたように、存在しない呪縛に絡め取られ、落伍者になっていたのが僕だ。

逆に言うと、「レールを外れて挫折し、うつ病寸前の状態だった人間が、それだけ巻き返せる」、という実例だ。

「レールに乗って真面目に頑張った先に、絶望がある世界を変えたい」

という思いを、切実に持っている。

僕は挫折していた時期に300冊以上の本を読んだのだが、それらに救われた面が大きい。

本から得た恩は、本に返すことはできない。だから、自分の経験と考えたことを、本の形にして次の人に送ることを考えた。

本文にも書いているが、「恩返し」ならぬ「恩送り」だ。

そして、本書の内容は、ただの思いつきではない。

僕が復活期に確立した、**「自分の《想い》（目的）と《得意》（手段）を掛け算し、常にどの業界でもどの会社でも《形》にする（結果を出す）働き方」**が、きっとあなたの役に立つはずだ、と確信がある。

きっと仕事を通じて、自分の「想い」を表現することができ、「意志」を持って行動できるようになり、身も心も自由になることができるだろう。

「本当の自分」は「逃げた先」で出会うもの

さあ、思い切って自分の価値観をぶち壊す勇気を持とう。
くどいと感じるかもしれないけれど、敢えて繰り返そう。
「逃げることは、悪いことではない」と。

僕たちは、とにかく頑張ること、続けること、逃げないことが「美徳」だと教えられてきたよね。いわゆる「ドM」の人生なのだ。
だけど、そのせいで自分を殺して、心が麻痺して、自分がピュアに「好き」なこと、「得意」なことがわからなくなっている。だから急に「やりたいことをやれ」と言われてもわからないのは当たり前だ。

僕も同じだ。
どうしていいか途方に暮れて、目の前の扉が全て閉まってしまった感覚に襲われた。

僕が唯一できたことは、僕が弱かったからできたのかもしれないけど、「逃げる」ことだった。

「逃げる」ことができて良かったと、いまだからこそ思う。

逃げた先が地獄だったという人間ばかりなら「逃げる＝悪」だけど、そうじゃない。

成功者と呼ばれる人にも、僕の周りの起業家にも逃げて人生を楽しんでいる人たちがたくさんいる（ほんの一時期は社会不適合のレッテルを貼られたかもしれない）。

「逃げる」は負けとは違う。
「逃げる」は惨めとは違う。
「逃げる」は人生の選択の一つでしかない。

そう思ってほしい。

まず、自分を束縛する場所から逃げること。
「逃げる」ことは善なんだ！

自分を苦しめている社会の価値観や親の価値観、常識と言われるモノサシから脱却して、自分だけの人生を楽しむきっかけを作る。

それをどうやって実現するのか？

——その具体的なコツ、思考、見方の変革を、僕の体験から書いていきたい。

Keyword

嫌な仕事から逃げよう！

ドMからドSになれ！

Part1

Work

仕事

「本当にやりたい仕事の見つけ方」

「働きたくない」は正しい

誰だって一度は思ったことがあるんじゃないだろうか。

「働きたくない」――あるいは「できれば寝ていたい」とか、「何もしたくない」とか。

それは、ごく自然な気持ちだ。

大切なのは、この「働きたくない」という素の感情から目を背けないこと。その自分の気持ちをまず受け入れてあげること。

自分の中から「働きたくない」という感情が出てきたとき、人は「でも……」「やっぱり……」といった《常識》に基づく言葉で、ブレーキをかけてしまいがちだ。

けれど、そんな言葉をいったん封じて、真正面から自分の感情に向き合う

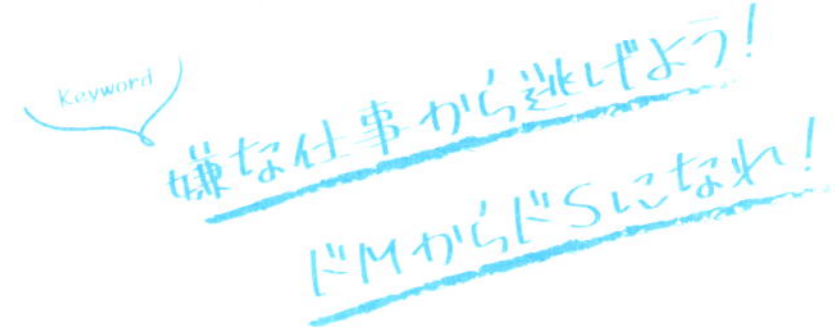

こと。これがとても大事だ。

「なんとなく働きたくない」などと感情をうやむやにしない。流さない。なぜそう思ったのかを真剣に考えて、**本当の自分の気持ちを捕まえてほしい**。僕はそれを**《感情財産》**と呼んでいる。

本当の本当はどう思っている？　なぜ「働きたくない」のか？

他人の目的や意見を元に生きてきた僕たち。
会社の目的？　上司の目的？　それとも親のため？
――それらのために僕らは生まれてきたんだろうか？

深く自問自答していくと、見えてくる。
僕らは、働きたくないわけではなく「他人の目的のために生きたくない」のだ。そのことは、実は誰もがわかっている。

そんな生き方がどれだけつまらないかは、誰かに言われるまでもなく、最初からわかっているんだ。

表向きは、金のため、生きるため、食うためだけなんて言う人もいるけど、本当はそんな働き方も嫌なのだ。

自分のため、自分が生まれてきた意味のために働きたいし、生きたい。その心の叫びに忠実に生き、活動し、仕事をすることは全く苦ではない。

もちろん楽なことばかりではないけど、自分自身が心から「楽しい！」って思える、そんな働き方。

だけど、世の中には《なんとなくの価値観》や《なんとなくのモノサシ》があって、それが長い時間をかけて染み込んで、心の叫びを無視できるようにしてしまう。すると、だんだん僕たちの心は麻痺し、摩耗していく。

だから**「働きたくない」という感情を敢えて無視しない。むしろ寄り添うことから始めるべきだ。**

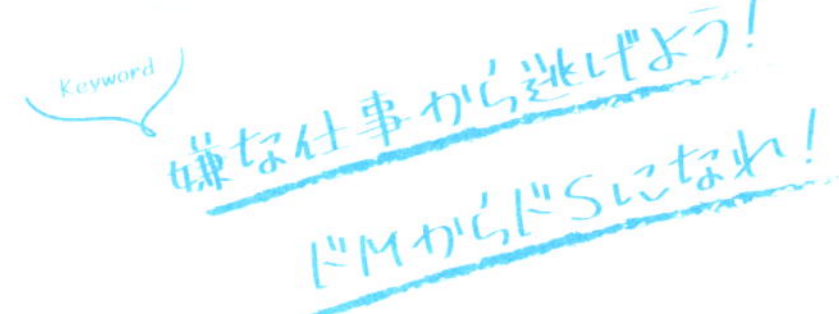

働きたくない——それは正しいことだって受け入れるべきだ。そこからが本当の自分を生きるスタートだと決める。

あなたの人生は誰の人生なのか？
さあ、自分自身の人生を生きよう。

POINT!

「働きたくない」は、めちゃくちゃ大事な感情。偽りのない自分の感情と向き合おう。

なりたくない大人をイメージしろ

学歴が高い人、いわゆる「優等生」ほど、仕事で大きな壁にぶつかり、悩むことが多い。実はこれには理由がある。それは優等生ほど、**「他人に褒められること」をモノサシにしてやってきたから**だ。

要は、《周りからの目》が第一基準になってしまった状態だ。これは驚くほどしつこく染み付いてしまう。それはまるで、こびりついた服の汚れのように厄介だ。

もちろん、そのような生き方にもプラス面はある。他人の目を気にするから、人への気遣いがよくできるし、最悪の事態を常に想定したリスク管理もできる。やりたくないことでも何でもできる。そうした能力のおかげで、ジェネラリストとして、企業によっては重宝されるだろう。

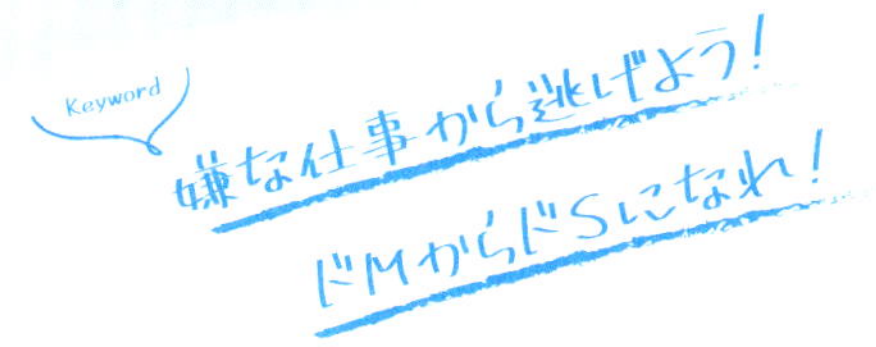

だけど、そんな働き方は半年から1年程度でもう十分。「石の上にも3年」なんて声は、聞かなくていい。

こうあらねばならないとか、これが正しいという思いが強い人ほど、意識的に《適当》になるくらいが丁度いい。

もう、そんな《我慢》からは逃げていいんだ。

我慢によって学ぶなんてことは、もう学校教育で十分頑張ってきたじゃないか？　それをまた何年も強要されて、何の意味がある？　40代50代になって、「俺は、わたしは、これで良かったんだろうか？」と悩む大人になるのが見えている。

あなたはどんな大人になりたいか？
あなたはどんな大人にだけはなりたくないか？

ここで「どんな大人にだけはなりたくないか？」という問いは特に大事だ。

よく考えて、いまのまま他人に褒められるモノサシを基準に生きたら、果たしてどうなるか。そこを見極めよう。

主語を他人にすることをやめる。

「自分はどうしたいのか」——と、あくまで主語を自分にする。

さあ、あなただけの一歩を踏み出そう。

自分という船の舵を取るのは自分。自分という人生の舞台の主役も、自分なのだから。

POINT!

主語を自分に変えて生きる。自分を縛る思い込みから逃げてみよう！

責任感は真っ先に捨てろ

もう一つ、高学歴でプライドが高い人に多く見られるのは責任感の強さだ。例えば学級委員や生徒会長、運動部のキャプテンなど、リーダータイプの人は、責任感が強い。しかしこういった人も社会に出てから、辛くなったり生きづらさを抱えてしまう場合が少なくない。

こうしたタイプは力があるし、なんでも自分でできてしまうので、一人で物事を背負い込みやすい。

そして勝手に思い悩んだり、思い込みが激しくなったりしがちだ。それが昂じると、自分だけがすごいと勘違いしてしまう人もいる。あなたも、身近に思い当たる人はいないだろうか？

マルチタスクにこなさないと物事が進んでいかないこの時代に、これらは

Keyword

嫌な仕事から逃げよう！
ドMからドSになれ！

フェータル（致命的）な性格になる。根拠のない自信と勝手な責任感で周りから浮いてしまい、意外に仕事ができないとレッテルを貼られる場合が多いのだ。これは、学歴の高い若手社員によく見られる状態だ。

しかも、できない自分を認められなくて、その頑張り（実際は空回りしている）を「周りに認めてもらいたい！」とアピールし始める。自分をありのままに認められないから、他人に認めてもらおうと躍起になる。他人の賞賛欲しさに勉強をしてきた癖が発動する。それで周りは疲弊（ひへい）する。でも本人は迷惑をかけていることに気づかない……。

だから僕は言いたい。**承認欲しさの責任感は真っ先に捨てろ。**

責任感で勝手に追い込まれるぐらいなら逃げていい。

自分が手放したものが誰かの手に渡り、結果その人が成長することもある。これは責任を放棄しているのではなく、他人への貢献なのだ――と、モノサシの基準を変える。

そうすれば心に余裕ができ、本当に自分のやるべきことに集中できる。

心の余裕がなくては、好きなこともやりたいことも見つからない。一人で背負い込まず、頑張りすぎず、他人の力を借りてやってみてほしい。結果的にそれが周りのためになるのだから。

はじめのうちは、「責任感を捨てなきゃ！」と気合いを入れるぐらいで丁度いい。承認を求めて頑張る癖はなかなか直らないから。

POINT!

できない自分を認めて素直に「助けて！」と言える人こそ、うまくいく。

「続けない働き方」の時代がやってきた

以前読んだ、元陸上競技選手の為末大さんの著書『諦める力』（プレジデント社）の中に、次のようなことが記されていた。

「耐える人生から選ぶ人生へ、つまり諦めることは自分から逃げることではない。**与えられた現実を直視し、限られた人生を思い切り生きるために、より良い選択を重ねていくことであり、それこそが『諦める』ことの本質だ**」と。

高度経済成長、終身雇用、新卒一括採用……。

いい大学を出て、いい会社に入れば安泰で、「とにかく頑張ればいい時代」が終焉を迎えたいま、幼い頃から右へ倣（なら）えで、与えられた問題の答えを選択

Keyword
嫌な仕事から逃げよう!
ドMからドSになれ!

肢の中から効率的にスピーディに選ぶための教育を受けてきてしまった僕たちは、社会に出た途端に思い悩んでしまう。

既存のシステムや前提が崩壊していて、グローバル化による世界的な競争が激しくなり、スピードと対応力、問題解決力が重要視され、イノベーションだ、イノベーションだと叫ばれる。

「言われていたことと、何だか違うぞ……」

誰だって、そう思うだろう。

とにかく頑張れば頑張るほど辛くなる。真面目にやればやるほど虚しくなる……。

他人や環境のせいにする気持ちもよくわかる。

大人は「周りのせいにするな」なんてことを言うが、原因が自分の中にあるのではなく、周囲の環境にあることは紛れもない事実だし、その環境にマッチした考え方や生き方を教えてあげられない教育システム、教師の育成の問題に原因がある。

いままでは、企業に入ると、先人たちが作り上げたシステムの微調整やオペレーションを、効率良くスピーディに（文句を言わず）こなすことが優秀だとされていた。

だから高学歴者が必要とされたし、そんな「人材」を作るための一連の流れがあった。つまり、会社が中心の時代。

だけど、**これからは《個人》が中心の時代だ。続けない働き方の時代といってもいい。**

頑張る、耐えるより、選ぶ時代。

そのために個人がどう学び、どう働くかを考える時代。

日本の教育システムは2020年以降、遅ればせながら改革されるそうだけど、僕らはゼロから産み出していかねばならない。だからといって、システムのせいにしていても辛くなるばかりだ。だから、**「ロールモデルを作る貴重な世代なんだ」、とポテンシャルを高く持っていきたい**と思う。

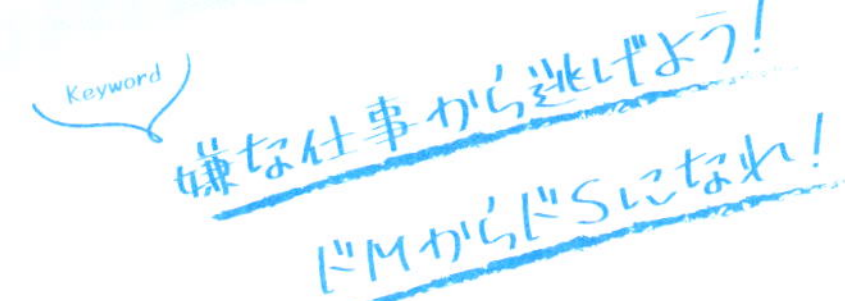

悩んだ分、必ず知恵に変わる。悩んだ分、人に優しくなれる。
苦しんだ分、必ず自分にしか掴めない幸せを手繰り寄せられる。
そう信じてほしい。

POINT!

これからは個人の時代。
悩んだ先に諦める選択を用意しておく。

自分のモノサシで生きていけ

極論だけど、「いまある環境や生き方、考え方にしがみつくことは悪だ」と切り替えることから始めよう。**ある一定の場所に居続けて頑張る生き方から、移動しながら考える生き方へのシフトが大事だ。**

なぜなら、「《他人軸》で真面目に進めば必ず行き詰まるし、人生をつまらなくする」からだ。

この《他人軸》というのは、自分ではなく社会の価値観やモノサシで生きること。これまでは、他人軸でとにかく頑張っていれば、終身雇用で安泰だった。心は麻痺して、思考は停止しても人々は幸せだった。なぜならそこには仮の「安心」があったから。

だけど、その安心がなくなったいま、僕らは本気で自分を生きることを課

Keyword
嫌な仕事から逃げよう！
ドMからドSになれ！

せられている。

だからといって、いきなり高みを目指していくのはやめよう。できること以外は絶対にできないようになっているのだから。

頑張らずに適当に生きる。自分の素直な感情を大事にする価値観やモノサシ──つまり、《自分軸》を作る。

わがままになってほしい。わがままとは、漢字で書けば「我が儘」。つまり、自分本来の、あるがままのことなのだから。

本当にそれはやりたいことか？　本当に自分がやるべきことか？　自分だけができることとか？

──と、自問自答を繰り返しながら行動する習慣が大切だ。

自分自身の感情と向き合い、感情財産を増やし続けていく。感情を無視して頭で考えることを癖付けてきた僕たちは、ストレスまみれになってしまっている。

仕事も人生も、本来は苦しむためにあるんじゃない。楽しむためにあるものなんだ。

まずは動かぬ自分を作ろう。目指そう。

そんな自分を20代、30代で作ることが大事なんじゃないか、と僕はつねづね思っている。

自分のモノサシで生きていければ、後は黙っていても他人が評価するし、自分に必要な環境、人、お金が備わってくる。

そして、いまはわからなくても、自分だけの仕事ができ、結果も出やすくなる。まさにプロフェッショナルな働き方ができる。これは起業家やフリーランスだけのことではなく、サラリーマンでも可能になる。

これが正しいとか、こうすることがいいことだと決めつけてうまくいく時代じゃない。学校で習ってきた方程式みたいに答えが出る時代ではなくなったのだ。

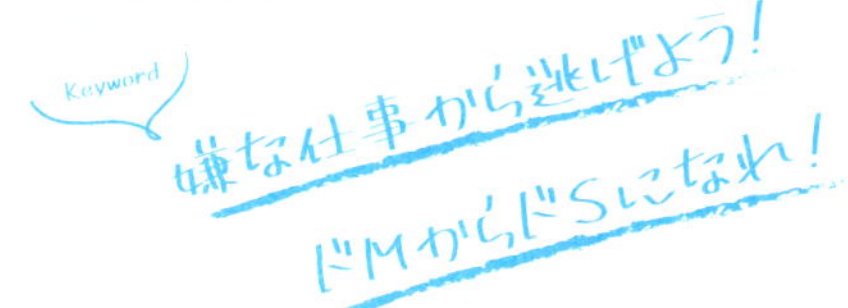

だから、繰り返すが、**いざとなれば逃げてもいいという心の余白を作っておくこと。**先が見えない時代だからこそ、適当に生きる余裕なくしては急な変化にもついていけなくなる。

社会貢献なんて後でいいくらい、まずは自分を満たしていく。適当を認めていく。難しいなら適当に見えて楽しそうな友達などを見つけて会うことだ。遊んでみることだ。自分と対極にある人や、趣味が違う人と付き合っていく。その方が自分を知るきっかけになる場合が多い。

POINT!

感情を無視しない。
自分のモノサシで生きることを認めよう。

エースになれるフィールドを選べ

《自分軸》を作る上で基礎になるのは、得意なことを作っていくことだ。

どんな世界でも、どんな仕事でも大丈夫。とにかく、そこで一番になること。

一番になれるフィールドに身を置くことが大切なんだ。仕事も人生も、ポジションの取り方でガラリと方向性が変わる。この原則を知らない人が驚くほど多い。勝てるポジション、一番になれるポジションを取ることを忘れないでほしい。

もし得意なことがわからない場合は、シンプルに生きよう。つまり、**「好き」という基準で会社や仕事を選んでみよう。**

Keyword

嫌な仕事から逃げよう！ドMからドSになれ！

こんなシンプルなことをみんなできていないから不思議だ。

多くの人が、どうしても会社の肩書や給料で選ぼうとしてしまう。つまり、他人軸で生きている状態だ。これは自分の外側に幸せを求めてしまう人の弱みとも言える。

好きなものであれば、何があっても頑張れる。

嫌いなことだったら、給料が良くても会社に行きたくなくなる。

そういうふうに、人や世の中はできているものだ。

「好き」を動機として始めた仕事は、吸収力が高まるし、ビジネスマンとして最低限食べていけるためのビジネス基礎体力を身につけやすくなる。そして、半年、1年、長くて2年ぐらいガッツリのめり込めばそれで十分だ。

ここで少し視点を変えてみよう。

よく「あなたの強みは何ですか？」なんて聞かれる場合があるけれど、あなたなら、なんて答えるだろう？

そう、ここで自身の強みを会社のサービスや商品で説明したらアウト。

一番の強みは、あなた自身の「想い」だ。

「想い」とは「好き」という気持ちの大きさ。大きいほど強い想いになる。

物質的に成熟した現代社会において一番の武器は「想い」だ。

「想い」があなたの行動を変える。「想い」が人を動かす。そして少しずつ社会をいい方向に変えていく――。

話を元に戻そう。

そうやって想いを武器にがむしゃらにやっていくうちに、自ずとスキルも身についてくる。そうすると、今度は仕組みで売ろうと工夫する。企画提案ができるようになる。周りを巻き込む力もついてくる。

すると、結果がついてくる。その仕事でナンバーワンになれる。どんなに優秀で能力があっても、そのプロダクトに気持ちがないとナンバーワンには

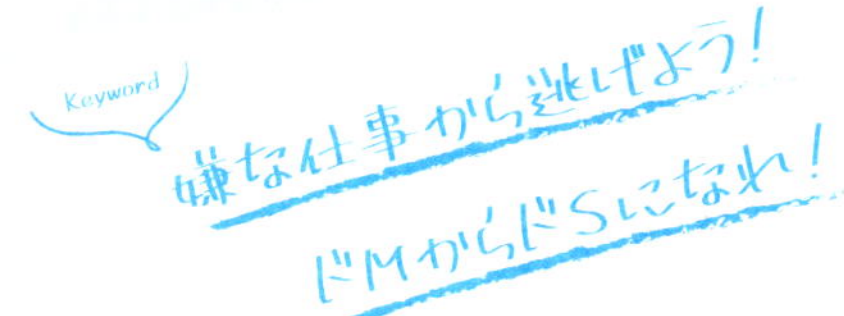

なれない。

だから、たとえ稼ぎが悪くても、小さな会社だとしても、好きなものに携わり得意を身につけることが20代には絶対必要だ。そこでエースになることを目指そう。

大企業の歯車として好きでもない仕事をしていたら、いつまでたっても自分の人生は豊かにならないし、ダサい生き方になる。

POINT!

あなたがエースになれるポジションを選べ。あなたの強みは「想い」の強さだ。

子供のころの自分に問いかけろ！

「好き」がわからない場合には、とっておきの方法がある。

それは、子供の頃を思い出してみること。これはすごく大事だ。

だから、たまには会社を休んででも引きこもってみることも大賛成だ。**内省する時間を馬鹿にしてはならない。**


子供の頃好きだったもの、得意だったこと、なりたかった職業などを振り返ってみてほしい。砂に埋めたタイムカプセルを掘り起こす感覚で無邪気な自分の感情に浸ってほしい。

こんなことを考えていたのか。こだわっていたのか。

好きと思っていたこと、嬉しかったこと、楽しかったこと、大切にしていたことなど、いろいろなことを思い出してほしい。

そして、ボンヤリとでもいいから、当時なりたかった職業といまの理想との共通点を探してみる。その共通点に、忘れていた自分の本質、感情、なりたい自分、自分ならではのビジョンやミッションが見えてくるから。

いまの自分と子供の自分が会話するようなイメージでいい。

または、シンプルに**「やらなくて後悔していること」に着目してみる**のもありだ。

好きなことが見つからない人、楽しめていない人に多く見受けられるのは、親の期待や周りの期待に応えるためにたいがい何かを犠牲にして頑張ってきているということ。僕もそうだった。

「なりたかったものや、やりたかったことがあるのに、勝手に周りの目を気にしてやれていなかったことは何か？」

そう自分に問い直してみてほしい。

そして、**「やらなくて後悔していること」から目を背けずに、ちゃんと後**

悔すること。

「やらなくて後悔していること」が本当にやりたいこと、向いていることではないかもしれない。

でも、それでいい。気づくことが大切だから。それが感情財産になる。

そこを実際に通り抜けることが大事なんだ。自分をつまらなくし、ダサくしてしまうのは後悔すらできない感覚の麻痺だ。本来の自分でアクセルをべタ踏みしていく人生にしていってほしい。

POINT!

過去の後悔から目を背けない。
その感情があなたの財産になるのだから。

やりたいことは、「不」の原体験から考えろ

続いてもう一つ、やりたいことを見つけるコツがある。

それは、**「不」の体験に寄り添うこと**。「不」とは「コンプレックス」と考えてもいい。

僕はこれを、色々な人に提案している。

僕の周りの起業家たちも「『不』の解消」を目指すことがきっかけで、事業を興している人が多い。マイナスの感情――自分が不便だと思ったこと、辛かったこと、許せないという気持ち、二度と同じ想いはしたくないといった強い「不」ときちんと向き合って、それをサービスやプロダクトで解決しようではないか、という「想い」が起爆剤になっている。

Keyword

嫌な仕事から逃げよう！
ドMからドSになれ！

具体的には、若い頃の挫折など、「不」の体験を考えてみること。**やらずに後悔していること、嫌な想い、繰り返したくない感情に浸ること**が大切だ。

じつは、僕がこの本を執筆したいと思った動機も「『不』の解消」だ。僕自身の10年前の働き方、生き方についての悩み。特に20代のビジネスパーソンに同じような苦しみを味わってもらいたくないという「想い」が、出発点となっている。

自分の過去を振り返り、自分と向き合い、後悔をしっかり受け止める。そして、その「不」の体験自体、自分が選択してきた結果だと認識してほしい。

でも、その選択は無意味なものではない。ポジティブに転換し、仕事を通じて自分を表現できれば、結果的に誰かのためになる。

悩みや不満、苦しみを誰かのために先取りして自分が経験しただけだと思うと、それは《使命》に変わる。そういう思考に持っていくことで人生に深みが生まれる。

もちろん、すぐに思いつかない場合もある。そんな時は、やりたいことより、やりたくないことを考えるといい。

そして考えるだけではなく、きちんと紙やノートに書き出すこと。可視化することが大事だ。可視化は思考の整理に役立つ。やりたくないことから自分の本当の「想い」に繋がる場合があり、これも感情財産になる。

この、やるべきことよりやらないことから決める、言うべきことより言わないことから決めるといった考え方は、ビジネスにおいてもブランディングにおいても大切になる。

POINT!

認めたくない自分と向き合うこと。苦悩、苦難、辛い体験が使命に変わる。

「私事」から「志事」にシフトせよ

究極、仕事とは「ぜひ払わせてください」とお客様から言わせてなんぼの世界だと思っている。つまり、気持ち良くお金を循環させてあげて、他者に貢献する仕事が理想だ。お金の使い方はマインドが9割だと思っていい。

それがわかるようになると、働き方が変わり、生き甲斐が増す。お金の入り方が少しずつ変わってくる。しかも運までついてくるから不思議だ。すると、どんなに忙しくても心のど真ん中が充実感で満たされ、楽しくなっていく。

人は、仕事を楽しむ人からモノやサービスを買いたいものだ。そして、運が強い人には、同じように運が強い人が集まってくる。

だから、「自分だけ儲けよう」とするよりも、「お客様や社会に貢献しよう」

という思いを持ったほうが、ずっとたくさんお金は入ってくる。

なのに、なぜかみんなお金や条件、会社の知名度で職場を決めようとする。

それでは《仕事》ではなく《私事（しごと）》になり、いつか必ず行き詰まるようになっている。


仕事は「好き」で選ぼう。もしくは、自らの「不」の解消を世の中の問題解決に繋げたり、自分のモノサシで選ぶことが大事になる。

それを僕は《志事（しごと）》と呼んでいる。


高学歴者によく見られるのは、見栄とプライド、周りの目を気にしてブランド主義に陥る生き方。だから会社も知名度で選ぶ。

これは「興味」や「好き」を完全に無視している。「想い」にフタをしてしまっている。そんな生き方で、いいんだろうか？

昔の僕も全く保険業界に興味がなかったのに、そんな気持ちにフタをして、

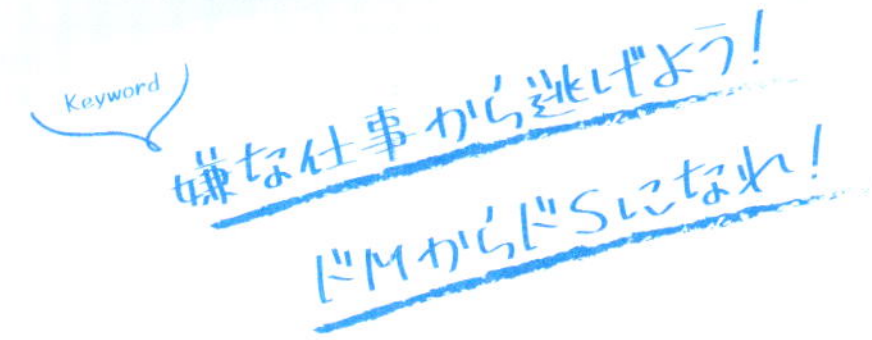

看板で最初の会社を選んでしまった。自分の心を無視して、周りの期待や評価のために働いたあげく、苦しくて引きこもり、うつになった。

結局僕は、逃げを選択した。

でも、「逃げるのも勇気なのだ」と、いまだからわかる。

大なり小なり人生は戦いだ。勝つこともあれば負けることもある。

でも、ある特定の場面での敗北や逃走は、人生における本当の負けじゃない。

大事なのはどんな局面にさらされようと、苦渋を舐めようと、馬鹿にされようと、負けない自分を作ることだ。負けないと決めることだ。他人の人生からの逃げを選択しても、決して自分からは逃げない。

社会のモノサシや他人の価値観で生きるのではなく、自分のモノサシで生きよう。

少しでも「興味」があるところから一歩を踏み出そう。出発点をどこに定めるかで、自分に本当に合った仕事に出会えるようになっていくから。必ずやりたいことができるようになっていくから。

「好き」や「意味」を無視した金儲けだけの仕事で仮にいくら稼いでも、不思議なことにお金は残らないようにできている。

現在(いま)がうまくいかなくてもいい。

頭で考えるより、素直な感情を大切にしよう。そして子供の頃を思い出したり、自分と向き合うことを、並行してやり続けていこう。

POINT!

仕事は「好き」で選べ。見栄やプライドで選ぶと心が貧困化する。

人生百年時代、いまやりたいことが最優先！

ベストセラーとなったリンダ・グラットンの『ライフ・シフト』（東洋経済新報社）では、「人生１００年時代」という言葉が有名になった。

これを僕なりに意訳すると、人の寿命が伸び、会社の寿命が短くなってきている。だから、好きなことをやろう。自分という一個の人間をより探求して、会社に依らない生き方をしよう——ということだろう。

もちろん、その主張は正しいし、賛同できる。

だけど、人生１００年だからとはいえ、いまの積み重ねが未来を切り開いていく。寿命が延びているから備えをという視点より、**人生30年だろうが100年だろうが一度きりの人生なのだから、年数より生き方こそ問われるべき**だと思っている。

僕は短命の人を間近に見てきた。長く耐えてきた仕事人生を終え、これから晴れて第二の人生のスタート、という時に亡くなった父。30代でこれから子育てをというタイミングで急な病で倒れた人。前途有望な20代で自ら命を絶った者も、周りにはいる。

否応なく「死」をどう捉え、どう向き合って「いま」を生きるかを考えさせられてきた。人生は短くもないし、長くもない。

そう思うと、「他人のモノサシや価値観で生きて、他人の命令に従い、死んだ魚のような目で満員電車に乗る日々をいつまで過ごすのか？」という問いが持つ意味は大きい。

20代、30代はまだまだ登山で言えば上り坂。鍛錬の時なので苦しく感じることもある。大変なことも多い。だからこそ、好きでもないことに我慢し続けるのはやめよう。それは、鍛錬は鍛錬でも、自分の心にフタをし続けていく鍛錬だ。そんな無意味な鍛錬をしていては、40代、50代になったとき取り返しがつかない事態に陥る。

やりたくないことをやっている時間はもったいない。時間は有限なのだから、やりたいことをやろう。続けない働き方をしよう。自分を生きることをもっと意識しよう。

世界で一つしかない自分のモノサシを作ろう。それをしなければならないのが20代、遅くても30代までなのだから。

POINT!

いましかできないこと、いまやりたいことを優先しろ。

Keyword
嫌な人から逃げよう!
本当の仲間はその先にいる!

Part2

Relationship

人間関係

「一生の仲間との出会い方」

会社は、居心地の良さで選べ

会社は居心地の良さで選ぼう。

とはいえ「何だかんだいっても楽だし、無理しなくてもうまくやっていけるし、居心地がいいんだよね」と、会社や誰かに依存している人が言う居心地とは違う。そこは履き違えないでほしい。

僕が伝えたい居心地の良さとは、「価値観を共有できる人と付き合い、その環境に身を置いていこう」ということだ。

お金や条件より人間関係で躓(つまず)いたり、価値観が違いすぎてしまうことほど辛く苦しいものはない。

だから、**あまりに辛く感じるなら、その違和感を放置してはいけない。**それを放置し続けたら心が麻痺してしまい、違和感を違和感と認識することす

Keyword
嫌な人から逃げよう！
本当の仲間はその先にいる！

らできなくなる。


目を、耳を、しっかりと自分の感情に向けてほしい。

「会社員の自分」＝「自分の人格」、「頑張れない自分」＝「ダメな自分」、「周りと違う自分」＝「合わせられないダメな自分」ではない。

真面目な人ほどそう考えて頑張ってしまうし、無理に無理を重ねて精神的ダメージを重ねてしまうから、要注意だ。


でも、よく考えてほしい。

人それぞれに個性や役割があり、使命も違う。

例えば日本では桜が愛されるけど、中国では梅が愛される。ダイヤモンドも光の当て方や見る角度で輝きが変わる。

それと同じで、**あなたの個性や役割が輝く場所が必ず存在する。**

だから、もっと自分中心の考え方で生きて大丈夫だ。

あなたが居心地がいいと感じる環境を選択して、いまいる居心地の悪い場所から逃げるのだ。

なかなか逃げられないのなら、自分の気持ちにフタをして悩んだりせず、勇気を出して上司や先輩などに本音をぶちまけよう。一人で悩むほどの害悪はないからだ。

本気で相談されて嫌な気分になる人はいない。仮に相談しても話がかみ合わない、すれ違うとしたら、逃げてしまってかまわない。価値観が完全に合わないからだ。

価値観の合わない人とは付き合わずに、自分の価値観に合う人と働いていくべきだ。


当然、社会に出れば誰かに従う場面も出てくるし、耐えなければならない場面も多くある。そんなときでも、自分の人格や価値観を否定することだけは、絶対にしてはいけない。

自分の人生に対してプロフェッショナルなのは自分だ。主役はあくまで自分。会社や仕事は舞台でしかない。そこを忘れてはならない。

不器用でも価値観を曲げず、自分の価値観に合った働き方をしよう。価値観に合った働く仲間と付き合えば、自然と「共感」できる仲間が増えていく。

Keyword

嫌な人から逃げよう！
本当の仲間はその先にいる！

POINT!

人生の主役は自分。会社は舞台でしかない。うまく演じられないなら、舞台を変えたらいい。

運を引き寄せる「居場所」を探せ

自分の価値観に「違和感」を抱いたまま働き続けていくと心がすさみ、マイナス思考に支配されていく。

仕事には必ず運が必要で、何をするにも運が強い人にはかなわない。「そんなことはない。すべては実力だ」と思いたい人もいるかもしれないが、人生の成功者を見ていくと、これは分かる。

「運」とは「プラスのエネルギー」と言い換えてもいい。運が強い人には運が強い人たちが集まるようになっていて、お金も同様に、持っている人に集まってくるようになっている。

でも、それはなぜだろうか？

Keyword

嫌な人から逃げよう！
本当の仲間はその先にいる！

運の強さは、いまある仕事を楽しみ、真剣に取り組んで、自分が勝てるポジションをわきまえている人にやってくる。つまり、自信があり、好きなことに熱中しているため、本質が見えてくる。お金も、使い方の本質がわかる人に回ってくる。そう考えれば、シンプルな話だ。

運は増えたり減ったりするため、きちんとプラスのエネルギーを引き寄せる自分であってほしい。そのためにも「居場所」にはこだわろう。常に自分らしくいられる「居場所」に移動し続けて構わない。それくらい環境は大切だ。

居場所を変える——つまり、転職だ。

いまの時代、同じ場所にとどまるほどリスクは高くなる。「会社」という枠組み自体、なくなっていくのではないか？　とすら僕は考えている。

「居場所」を見つけて働き始めると、成長とともに、また違う「居場所」を求めるようになる。つまり、続けない働き方だ。特に30代は分岐点で、20代で築いたスキルを武器やお金に換えて加速する人生になる。

転職は人間関係もリセットされる。もちろん、価値観が合う人とは社外同士になってからも付き合いは続き、場合によってはコラボレーションという形で仕事に繋がる場合もある。新しい仲間が増えていく、増やしていくのが転職なのだ。

社長や上司が嫌だ、同僚との関係に悩んでいる……。世の中の転職の理由は「人間関係」が圧倒的に多い。

ただし、それらが辛いから別の場所に、と考えるのではなく、自分の価値観を基準に、冷静に転職先を決めていくこと。**他人の目や、会社のブランド、条件を基準にすると、環境は変われどまた同じ壁にぶつかるようになっている。**

意志を持って逃げるのは正しい選択だ。**芽が出ないうちに、無理にその場**

所で花を咲かせようとしなくていい。違和感を覚えたら居場所は変えていいんだ。

POINT!

転職を躊躇しない。基準は、「価値観を共有できるか」だ。

Keyword

嫌な人から逃げよう！本当の仲間はその先にいる！

親が敷いたレールから飛び出せ！

自分軸を確立するためのエネルギーになる一方で、障壁になるものがある。
それは、親の存在だ。

社会の価値観やモノサシで生きてしまう表向きの理由は、教育方針や教育システムである、と書いたけど、それらの中で最も大きいのが親だ。
子に対する親のあり方、親の社会常識や観念――それらは良くも悪くも子に大きな影響を与えていく。

僕自身、親の期待を背負い、自分を追い込み、成長してきた。社会に出る前まではその方が安全だし、楽だったと思う。先生の言うこと、親の言うことを聞いていればいいのだから。

Keyword

嫌な人から逃げよう！ 本当の仲間はその先にいる！

何かに従い、何かに依存して、言われた通りに動くことほど楽なことはない。社会に出ても、同じように上司や会社からの命令に従っていれば、無理難題な仕事でない限り、楽だと思う。

ただ、それでは楽しさは絶対に湧いてこない。なぜなら思考停止しているから。変化が激しく、同じ場所にとどまるリスクが強まる社会環境にあって、自分で選択する習慣を身につけていないと苦しむことになる。

社会人にもなり、実家暮らしをしているようなら、一人暮らしをしろと言いたい。お金の問題があるのもわかるけど、それも自己投資である。痛みを伴わない自己投資はない。

大切なことは、精神的に自立すること。親の価値観にしがみつかず、自分の価値観で生きること。

特に仕事選びは親のために頑張ってはならない。本当の親孝行は自分が幸せになることだ。楽しく生きる姿を見せられることほど親が嬉しいことはない。自分の価値観で選んだ仕事で稼ぎ、そのお金で親孝行をしてほしい。

また、転職や起業など、新たなチャレンジや行動をする時、一番に否定したり心配するのも親を含む家族だ。

だが心配させるのが親不孝ではない。チャレンジを怖がり、つまらない人生に安住していくことが親不幸なのだ。**どんな親でも我が子が真剣にチャレンジの決意をしたら応援してしまう。**

だからこそ、親のためにも自分の意志を大切に、もっと適当に、一度は親から逃げて自由な選択をしてみてほしい。

POINT!

「親からの自立」が自由に繋がる。親の価値観から脱却する決意をしよう。

飲み会の活かし方で人生は変わる

会社の飲み会、付き合いによる顧客との飲み会なんて無駄でしかない。僕も新人時代は本当に嫌だった。何の価値があるのか不思議で仕方がなかったし、本当に憂鬱(ゆううつ)だった。

周りに合わせて惰性(だせい)で参加するのは時間と金の無駄でしかない。**その時間を、自己投資や楽しめる時間、自己研鑽（勉強、読書、筋トレなど）に充てる方がよっぽどいい。**

しかし、である。

人間関係をうまく作り、コミュニケーションを学ぶ機会としてはうってつけの場であり、これも**自己投資だと割り切って参加するのも大いにありだ。**

また、時間を無駄にしないためにも、普段職場では聞けない質問とか会社や

顧客の情報を聞いて知識をストックしたり、人それぞれの価値観を学ぶための仕入先のプラットフォームとして捉えるのがいい。

特に、新しくて面白くて大きなことを成し遂げたい場合は、社内の他部署だけでなく社外も含めて、いろいろな人を巻き込まないといけない。ビジネスで成功し、仕事を楽しめる人はみんな巻き込み方がうまいからだ。

自分の思い込みから期待していなかった人でも、飲み会の場で親密になり、本音を聞いて「仲間」になる場合もある。

また、飲みに行きたいと思える仲間――上司や先輩がいるかどうかは、その会社が自分に合っているかどうかのバロメーターにもなる。万が一にも愚痴を言い合うような飲み会なら行かなくていい。聞いているだけでエネルギーが下がるから危険だ。

「どうしても飲み会は無理！」という人は、行かないキャラを考えて確立するしかないだろう。

ただ、**仮にお酒が飲めなくても、一緒に飲み会の場に行きたい人を何人作れるかは、将来の自分にとって大事なことになる**し、会社を辞めても仕事に関係なく、フラットな関係、もしくは、いずれ何らかの仕事でプロジェクトを組む関係になる場合もある。

酒の席を無駄にするのも、有意義な時間にするのも、あなた次第だ。

POINT!

飲みに行きたいと思える人を見つけ、そのつながりを深めていこう。

自分は何ができて、誰の役に立てるのか

「共感」できる仲間を作るために必要なのは、自分は何ができる人なのかをハッキリさせることだ。そして、そのできることで誰の役に立てるのかを、きちんと表明すること。

つまり、強みを発信し続ける努力が大切だ。その強みに関わる仕事をする時は、年齢は関係なく、上下関係もいらない。媚(こ)びる必要は一切ない。自信を持ってやってほしい。この考え方は、自分軸で生きるためにとても重要なことだ。

覚えておいてほしい。**「自分の強みだ」と思うことには誇りをもつ、ということを。**

もちろん、人としての謙虚さ、誠実さ、マナーは当然大切だ。特に年長者をリスペクトする姿勢がない人は、評価できない。だけど、強みの部分で行動する時、仕事をする時は引かなくていい。

もっとはっきり言うと、**引いちゃダメだ。**

その方が信用されるから、自信を持って前に出て欲しい。

サッカー日本代表の選手だって、試合中は敬語なんて使っている暇はないし、勝つために年齢や経験に囚われず自分が正しいポジションにいれば強烈にボールを要求する。成果を出そうとするプロの世界では当然だ。

そしてそれは、ビジネスマンの世界だって同じことだ。

自分の強みを発信していくと、必ず波長が合う人、共感できる人が集まってくる。

みんなにわかってもらおうという「いい人」になる考えは捨てよう。特に20代のうちは自分を尖らせていこう。「あいつ変わってるな」と思われるくらいが丁度いい。

Keyword
嫌な人から逃げよう!
本当の仲間はその先にいる!

不思議にも、そんな考えで働いていくと、《二つ上のレイヤーの人》が可愛がってくれるものだ。

「若い頃の自分に似ている」「似た目をしている」といった理由で、課長や部長から可愛がられたり、役員や社長から可愛がられるようになる。そうなると、入ってくる情報の質が変わるし、人脈も変わってくる。

強みを活かしてやりたいことをやる時は媚びない。舐められない。自分軸をきちんと表明できるようになっていこう。

POINT!

もっと自分を表明しよう。共感する人たちが自然と集まってくる。

人脈作りの「三つの軸」を押さえろ

社外や異業種に仲間を作っておくと、閉鎖的な視点や考え方に縛られず、いまいる世界が全てだと思わなくてすむし、気が楽になったりする。

仲良くなったことがきっかけで会社対会社のタイアップやコラボレーションとして仕事に繋(つな)がったり、社内や同じ業界の中では気づかないアイディアを持って帰れる可能性もある。また、転職先として誘われることもある。

そして、社外の人脈を作る上で意識すべき三つの軸がある。

一つ目は**《ライクの軸》**、つまりシンプルに「好き(ライク)な人」で考える。会社名や肩書に関係なく、好きか興味を持った人と付き合っていく。

二つ目は**《スキル軸》**。これは、自分が働いている職域で自分よりすごい

Keyword

嫌な人から逃げよう！本当の仲間はその先にいる！

人と付き合い、いろいろなことを学び、盗む。メンターや、それに近い存在が見つかれば仕事は倍に楽しくなるし、観る世界が変わる。

三つ目は、観ている未来が近い人を選ぶ**《パッションの軸》**だ。価値観が合い、思考が合う人は会話も合うし、お互いの仕事の領域や年齢を超えて夢を語り合うことができる。

この三つ全てを満たしている人がいればベストだけれど、完全に合致しなくても落胆しなくていい。一つひとつを別に備えている人を見つけて繋がっていく努力が、自分の人生の幅を広げていくことになる。

仕事の経験を重ねていくと、**人脈ほど大切なものはない**と気づいてくる。特に30代半ば以降は、人脈があるとないとでは、仕事の幅も転職の可能性も大きく違ってくる。

人脈作りは、与えられる一方では人間関係が不釣り合いになる。**本当の仲間を作る時は、まずは自分から与えることが大事。**

「ギブ・アンド・テイク」という言葉は広く知られているが、どうも「テイクしてからギブしよう」と思ってしまう人も多いようだ。だから、ここは「ギブ・イズ・テイク」で考えてみよう。まず、惜しまずに自分からギブする。それによって自然とテイクがもたらされるのだ。

仮に、与えることが見つからない場合は、誰にでもできるプレゼントがある。それは「称賛」であり、「尊敬」だ。自らも相手に与えるという気持ちを忘れないでほしい。

POINT!

「好き」「すごい」「合う」三つの軸で人脈を作っていこう。

重宝されて可愛がられる人になれ！

本当の仲間を作るために必要なこと。それは、「自分の弱さを曝け出す勇気」だ。

これがまた難しくて、なかなかできないものだ。それができていたら、本書を手に取ってはいないかもしれない。

真面目で頑張り屋さんほど、責任感や人への気遣いが強い。裏を返せば、人からの評価に敏感だから、「弱さを曝け出せ」と言われても、なかなかできないだろう。

しかし、ハッキリ言おう。**弱みを曝け出すことで人生はうまく回り始める。**

その仕組みはシンプルで、「弱み」を曝け出すと周りが助けてくれるようになるからだ。やってみればわかる。素直に「自分はこれができない」「これはできる」とハッキリさせることで、周りの人があなたをきちんと理解し、協力を惜しまず助けてくれるようになる。

わかりづらい人ほど評価されないし、言葉にきちんと出して伝えないと絶対にわかってもらえない。日本人に多いとされる「言わなくてもわかるだろう」は大間違いだ。

「こんなに頑張っているのに、なぜ認めてくれないのか」と感じている場合は、きちんと弱さを曝け出せていないし、伝わっていない。伝える努力をしていないのだ。

何でも自分でやること、汗をかくことを美徳にするのも日本社会のモノサシだ。それはそれで信頼もされ、カッコいいことだ。

でも何度も繰り返しているように、大切なことは《仕事を楽しむこと》だと僕は考えている。

特に、**《みんなで楽しめること》**が重要だ。

Keyword

嫌な人から逃げよう！ 本当の仲間はその先にいる！

そのためにも、助けてほしい人を助けてあげられるチーム、人間関係にすることが必要となる。

あなたができないことを誰かが助けてくれることで、助けてくれる人の力になる。人それぞれ「好き」と「得意」が違う。自分が嫌いで苦手なことでもそれをやりたい人、得意な人は必ずいる。つまり、「助けて」と伝えることで、人の役に立つのだ。

何かにチャレンジして、大きな仕事に取り組むようになると、自分一人でやるよりも周りを巻き込んで動いてもらうことが倍の結果、倍の喜びになる。そして仕事とは助け合いの中で成り立っているのがわかるはず。

本当は助けてもらいたいのに我慢して、わかってもらえない悲しみや寂しさなど、ネガティブな感情で自分を追い込む。そんな我慢は、とうてい「美徳」とは言えないだろう。

そして最終的に怒りを爆発させるならまだしも、爆発すらさせられず、怒りにフタをして押さえ込んで、病んでしまう――でもそれは誰のせいでもなく自分の責任だ。

弱さを曝け出せる人は共感され、可愛がられるようになる。可愛がられるようになるとたくさんの人から応援されるようになっていく。サラリーマン社会も、実力がある人より可愛い奴と思われる人が、うまく溶け込んでいく。

弱みは弱みでいい。

それを「強み」に変える方法はたった一つ。曝け出すことだ。

POINT!

自分の弱さを曝け出そう。真の信頼関係はそこから始まる。

「誰と一緒にいたいか」を判断基準にしろ

仲間を作るために積極的に行動していると、「仲間を作ること」それ自体が目的になってしまうかもしれない。

また、経験が足りない場合、人を観る感性が弱く、気づいたら嫌な人と繋がっていたということもある。必要以上に自分を良く見せようとしたり、何だかんだいっても、肩書や役職で人を見てしまったりする癖が抜け切らないことが原因だ。

名刺交換が目的になってしまうこともあるから、これも気をつけよう。

とはいえ、他人のモノサシや社会的な立場、看板で生きてきた癖、とにかく頑張ることがいいと教えられてきた癖は、そう簡単には抜けない。

Keyword

嫌な人から逃げよう!
本当の仲間はその先にいる!

だからこそ、時には立ち止まり、一人の時間を大切にしよう。

やりたいことを見つけるためには、やりたくないことを考えるのと一緒で、**本当に自分に合った仲間と出会いたければ、付き合いたくない人と付き合わないこと。**

忘れがちだが、**時間は命そのものだ。一生の長さは有限なのだから。**自分にとって余計な人との関係ほど無駄なものはない。

付き合いたくない人とは、シンプルに距離を置けばいい。何となくダラダラと連絡が続いているだけの人とは連絡を取らない、続けないと決める。**新しい出会いを引き寄せるためには、「引き離して余白を作る」**のがコツだ。

そのためには定期的にアドレス帳を整理するといい。

携帯電話のアドレス帳、LINEの連絡先など、あまり連絡しない人は削除するか、あるいは非表示にする。

また、名刺交換をしただけの人を整理するか、捨てる。「捨てるのは勇気がいる」という人もいるだろうが、名刺管理アプリにデータを保存して、いざという時の顧客リストとしておく、という心構えで手を付けるなら、今日にでも始められるだろう。

新しい出会いを良いものにするには、経験も必要だ。だから、その経験を積み上げながら直感を磨いて、続けない関係、捨てる関係は潔く捨てよう。

何かを捨てなければ、何も新しいものは入ってこないのだから。

POINT!

付き合いたくない人を整理すると心に余裕が生まれる。

無条件で認めてくれる真友を大切にしよう

仕事でお付き合いする仲間とともに大切にしたいのが、友達だ。

友達は多い・少ないが重要ではない。本当の友達がいるかどうかが大切だ。

人間関係は《縦軸》と《横軸》が大事だと、僕は考えている。

《横軸》にあたるのは、親友や恋人などだ。

《縦軸》はメンター的な存在の人や良き先輩、後輩などが含まれる。

縦軸の関係性は、学生時代の部活動やアルバイト、もちろん就職後には会社の中で自然と形成される。だから、人間関係が苦手という人でも、縦軸の関係づくりは普通にできている人が多い。

一方、横軸の関係性は○○大学だから、○○会社だから、といったことは

Keyword

嫌な人から逃げよう！
本当の仲間はその先にいる！

関係ない。一緒にいるだけで落ち着く関係。刺激があり、利害に関係なく、ピュアに制限なく、将来の夢を語り合えるような友達。

特に、**自分の「どん底」の時期を知っていて、その時に離れず味方でいてくれた人**は大事にしよう。

「無条件」で自分を認めてくれる存在――。そんな友達を僕は「真友」と呼ぶ。

夢や仕事や目的のために仲間を増やしながらも、本当に大切な真友との時間を大切にしてほしい。

POINT!

一番苦しい時に離れずにいた友達――。
そんな友達は生涯の「真友」になる。

自分らしさの発信が、運命の出会いを招く

言葉を発信すること、書くことは、自分の頭を整理するのに大変役に立つ。

言葉をアウトプットするときは、読書などで脳にインプットしたとき以上に、脳に深くインストールされ、思考や行動に大きく影響するのだという。

自分を表現できる「場」がたくさんある時代なのだから、それを活用しないのはもったいない。自分の殻に閉じこもり、心を疲弊させていた人が、1年間ブログを書き続けて、考え方や生き方を変えた例は少なくない。ブログで文章を発表することは、いい意味で「逃げ場」にもなったりする。

はじめは匿名でもいい。TwitterやInstagramなどのSNS、ブログなど、やれそうなものから始めてみてほしい。単に日々の食事などを載せたり日記

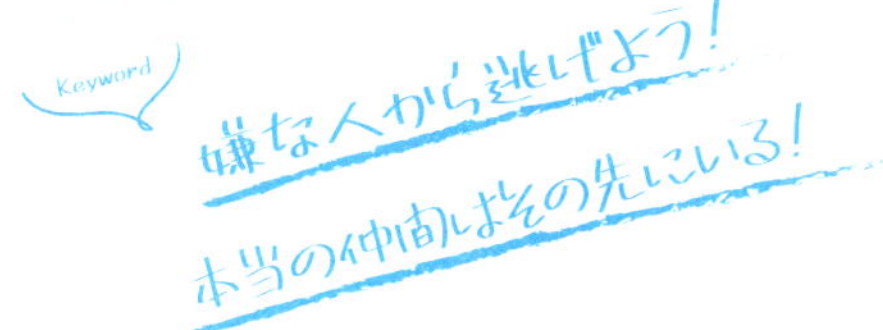

を書くのではなく、自分の主張したいテーマを決めて、上手い下手は度外視して表現していく。考えすぎず、好き勝手に自由に。

言葉を発信し続けていくと、必ず自分自身に変化が生まれ、自分らしさを見つめ直せるし、自分のどんな発信が見ている人の心を打つのかがわかる。

「自分が好きなこと」「得意なこと」「専門領域としている世界」以外は発信しないと決める。何を発信したいかがわからない場合は、逆に「やらないこと」「書かないテーマ」から決めてみる。

「いいね！」の数やフォロワー数は気にしない。**発信すること、自分を表現することと自体を目的にしてしまうほうがいいだろう。**

「毎日のようにタイムラインに出てきて、周りからウザがられないか？」と心配してしまう人がいるけど関係ない。

離れていく人は離れていく。そして共感する人は自然と集まってくる。徐々に価値観の合う合わないがわかるようになる。本当に合う人とだけコミュニケーションが取れるようにもなる。

自分に興味を持ってくれる人が現れるのは楽しいし、時には励みになったりする。また、自分に他人が何を求めているかがわかるのは大きい。大多数の目＝合わない人のことは気にしない。

タレントがＳＮＳやブログを毎日のように更新していて、それにより被害を被ったなんて聞いたことがない。嫌なら見ないだけ。それと同じだから、タレントになったつもりで、自分をドンドン表現しようよ。

POINT!

言葉を発信し続けること。新しい仲間を作るきっかけにもなる。

ドリームキラーは貴重な存在

何か新しいことを始めたり、人と違うことをやると、必ずといっていいほど「やめた方がいいんじゃない？」と横槍が入る。

そうした言動をする人たちは《ドリームキラー》と呼ばれている。Dream Killer、文字通り「夢を殺す者」という意味で、何かを成し遂げたい人にとっては警戒すべき存在、と言われている。

その動機は、「心配」か「嫉妬」がほとんどだ。

でも「好きの反対は嫌いではなく無関心」と言うように、**嫉妬は興味を持っている証拠であり、嫉妬されるのは自分に力がある証でもある**のだ。そもそも、反対や非難、嫉妬を受けないようなチャレンジは大したチャレンジじゃないと思っていい。

だから、ドリームキラーを嫌って遠ざけるだけではいけない。そもそも、そういうことを言う人が親兄弟や友達という場合だってあるだろう。

心配したり反対してくる人を端（はな）から突き放さず、まず「確かにそうかも」と一度受け取ってみる。一度冷静に受け止めることで、客観的に自分を見られるようになるし、本当にやりたいことなのかがわかってくる。「自分は盲目的に突っ走っていないか？」あるいは「突っ走ることで誰かを傷つけていないか？」と。

自分が正しい道を歩んでいる、という信念や自信があるとき、人は親しい人からの忠告を無視してしまいがちだ。だから「本当はどうか？」と自分自身に問いかけてみる。

頭の中で唱えるだけでなく、口を動かして声に出してみたり、ノートに想いを書き出してみるのもいい。

それで、「やっぱりやーめた」と思えるなら、やめる。「やりたい！」と思えたら、その気持ちを大切に突っ走ればいい。**人は覚悟を決めた人を応援するものだ。**

そう考えれば、ドリームキラーはなくてはならない存在だし、本気度を試してくれた感謝すべき存在に変わる。

POINT!

反対や嫉妬をされてこそ本物！
自信を持って冷静に受け止めよう。

Keyword

嫌な人から逃げよう！
本当の仲間はその先にいる！

Keyword

頑張ることから逃げよう！

フリーダムサラリーマンのススメ

Part3

Career
キャリア

「オンリーワンになる働き方」

自分と向き合った逃げは勇気ある撤退だ

もし、あなたが仕事に充実感を得られていなかったり、1年かけて努力しても営業成績や業務成績が振るわなかったりしていたら、「好き」や「興味」で選んでいない仕事である、という場合が考えられる。

もう一つは、先にも書いた通り、自分のいるポジションや部署で頑張れば一番になれる環境かどうか。それがイメージできない可能性もある。

社員が何百人もいるから一番にはなれない、数人の会社だから一番になれるとか、人数の話じゃない（確率論ではない）。好きなことなら努力次第で300人でも1000人でもその中の一番になれる。その感覚、イメージが持てる。これはPart1で書いた通りだ。

Keyword
頑張ることから逃げよう！
フリーダムサラリーマンのススメ

じゃあ、そういった環境でないと思う場合は、どうすればいいか。

第一に優先すべきは、自分自身と向き合う時間を確保すること。

引きこもってもいい。そのための時間確保で会社を休んでみてもいい。そういう行動をしてみてほしい。そうすればわかる。

いい意味で「適当に生きていい」という感覚。人生一度きり、死ぬわけではない——と、割り切るくらいの勇気を持とう。

さあ、肩の力を抜いて。

自分と向き合う一歩を踏み出せたことで、何かに気づき自分を取り戻したり、リラックスできる。心のメリハリがついて仕事に頑張れるようになるなら、それは会社にとっても有益なこと。

思考停止した状態で頑張り続け、身も心もすり減らす一方だとしたら、結局会社に迷惑をかけてしまう。そしてまた、それが元で思い悩んでしまう。まさに負のループだ。

もう一つ。「いま休んでしまったら仕事が止まる、皆に迷惑をかけてしまう」と思いがちだけど、全然問題ない。どんな会社でも、仕事は絶対に誰かが代わりにやるようになっている。

そもそも、休んだせいで支障をきたす組織があるなら、それは経営者の責任だ。たしかに短期的には迷惑をかけることになるかもしれないけれど、それはお互い様だ。人間関係は迷惑のかけ合いだし、ごめんなさいですむ程度の話である。

それよりも、思考停止してしまい、自分の心を無視して、「こうあらねばならない」と押さえつけて、他人中心の考え方をしていくと、いつか必ず心が病んでいく。それからでは本当に辛くなって、脱出も困難になる。

そんな生き方、働き方に慣れてしまうと、40代、50代になったとき、ふと「自分の人生、これでよかったんだろうか?」と諦めに似た無力感に襲われる。心理現象として、《ミドルエイジクライシス》と呼ぶそうだ。

Keyword

頑張ることから逃げよう！
フリーダムサラリーマンのススメ

人生設計は自分の責任だ。勝ちが見込めない戦い、出口が見えない戦いならば、きちんと最悪の場面を想定し、時には逃げることも視野に入れていく。

それは自分と向き合ったうえでの勇気ある撤退と思ってほしい。

数年前、電通の若い女性社員の自殺がニュースになっていたが、決して他人事じゃない。僕も一歩間違えたら自殺していたかもしれないから、彼女の辛さはよくわかる気がする。

「もし休んでいたら……」「もし適当に生きていいと知っていたら……」「もし『逃げていいんだ！』と誰かが強く励ましていたら……」

彼女の人生は変わっていたかもしれない。

いや、きっと変わっていたはずだ。

百獣の王と言われるライオンでさえ、戦いには一歩下がることを知っている。

強さは、弱さを知るからこそ身につけられるスキルでもある。

それでも、自分の素直な感情に向き合えず、他人を気にしたり、先の不安に恐れを抱いて動けないならば、身近な欲求に従うことから始めてほしい。

食べたいものを食べたり、好きなブランドの洋服を買ったり、欲しいと思うものを金額を考えずに買ってみる。お風呂が好きなら、お気に入りの入浴剤を買って使ってみるのでもいい。

素直に感情に向き合うその習慣を地道に繰り返すだけで、心が少しずつ軽くなり、「感情に素直に向き合うことが楽で、気持ちいい」という感覚に慣れてくる。

逃げることは諦めることと同じ。でも、「諦める」というのは、ずっと言ってきているが悪い意味ではない。大和言葉の「あきらめる」の語源は「明らかにする」というニュアンスで、「諦」という漢字は「詳（つまび）らかにする」という意味。**己を取り巻く環境を明らかにして、きちんと自分自身を観る。**それが「諦める」という言葉の、本当の意味だ。

頑張って、頑張って逃げない選択をする以上に、仮に逃げるを選択しても負けない自分を作ることの方がよっぽど尊い。

何度も言う。他人の目を気にする人生から逃げよう！

評価を気にする人生から逃げよう！

辛い時こそ、苦しい時こそ、「好きなこと」「興味があること」に気づく時だと思ってほしい。

夜明け前が一番暗く気温が下がるように、辛く苦しい時こそ夜明けは近い。いつでもやり直しはきく。辛かったり、疲れ果てているなら、いますぐ会社を休んでほしい。


POINT!

苦しいなら、それはあなたの仕事じゃない。思い悩むくらいなら休むこと。

会社を辞めたいと思った時こそチャンス！

人生には三つの坂があるという。
それは上り坂、下り坂、「まさか」の坂。

最初は「くだらないオヤジギャグだなあ」と思うかもしれないけれど、人生経験のある人達が、こんな言葉遊びを好むのは、やっぱりそこに学ぶべきことがあるからだ。

人生における上り坂、下り坂は、色々ある。それらは仕事であれプライベートであれ、想像しやすいだろう。過去の経験から、事態や影響、対処法も推測できるからだ。

「まさか」の坂は、そういった予測を超えた形であらわれる。だから、これほどほど辛く苦しい坂はないとも言える。

そして同時に**「まさか」の坂ほど自分を深く知る絶好のチャンスはないとも言える。**

その「まさか」の坂にある時こそ、転職を考える時ではないだろうか。だから、そんな時は、他人の目ではなく、自分がどうしたいかを優先する。頭で考えるのではなく、感情を大事にすることだ。「自分はどうしたいか」と、何度も問いかけていく。この《感情財産》が自分のベクトルを決めていくのだから。

「まさか」こんな理由で転職を考えるとは思っていなかった……。その**「まさか」との遭遇は、自分を深く知る時の到来と思っていい。**

どんな悩みや困難にも意味がある。遠回りに思える出来事や選択も、近道を歩いていては見られない景色に出会えるきっかけになる。深い自分に成長できるし、経験がいずれ人生のネタ帳に変わる時が来る。

会社を辞めたいと思った時はチャンスだ。「なぜ辞めたいのか？」という問いかけをしよう。その瞬間こそ、自分と向き合い、本当の自分の気持ちに気づくチャンスなんだよ。

POINT!

人生における「まさか！」は、「自分の心に向き合え」とのサイン。

気軽な転職を勧めている僕だけれど、「なんでもいいからドンドン転職しろ！」なんて言いたいわけじゃない。

少しでも興味のある業界、会社に入れたら、まずは「とにかく何でもやります！」でいくこと。

物事には順番がある。上司や先輩に「可愛い奴だ」と思われるのが最優先だ。人は感情で動くのだから、たとえ仕事ができたとしても、可愛くないと思われている人は評価も低いし、やりたい仕事が回ってこない。

まずは「好きこそものの上手なれ」の気持ちで、あらゆる角度からその仕事を学んでいくと、できることがだんだん増えていく。

その結果、意外に好きなことが見つかったり、得意なことに繋がったりする。自分の仕事においての知識や技術となり、血肉となっていく。

その《知識》と《技術》に《想い》を加味させていく。

その**掛け算が、「好き」で「得意」で「勝てる」ということに繋がる。**そしてそれが自信になり、その自信が仕事の質を高める。

そして、自分にしかできない大きな仕事ができるようになる。

つまり、仕事で一番になるための、結果を出すためのカギは「自信」なのだ。そして**仕事に自信を持てると、人生そのものが変わり出す。**

そんな土台を20代で築き上げていく。そして、その土台を元に30代以降はリアルな稼ぎに変えて、好きな会社にいつでも転職できる自分、独立したい時にできる自分になっていけることを目指そう。

サラリーマンでもオンリーワンになれる働き方をしよう。信用を勝ち取ろう。それなくしては、自由も稼ぎも手に入れられない。
また、一定の仕事で成果が出せるようになったら、業界の構造や会社の動き（ヒト・モノ・カネの動き）をきちんと学んでいこう。
業界ごとに違いはあっても、その基礎知識は、どこに行ったとしても活かすことができる。

Keyword
頑張ることから逃げよう！
フリーダムサラリーマンのススメ

POINT!

知識と技術に想いを掛け算させろ。「得意×好き」で「勝てる」ものを作ろう。

良きメンターを見つけて、徹底的に真似ろ！

「知識＋技術」と「想い」の掛け算により、与えられたポジションでオンリーワンを目指す。更に会社の枠を越えて業界の中でオンリーワンを目指していきたい場合、大事なことがある。

それは、メンターを作ること。言うまでもないかもしれないが、メンターとは「助言者」や「指導者」という意味だ。「師匠」といってもいい。

「この人！」と決めたら、しっかりついて行く。**人の一生は、出会いの数、誰と出会うかによって大きく左右されていくものだ。**

はじめは「この人の仕事ぶりはすごい！　勝てない！」と思える人を見つけて教えを乞えばいい。職場内の上司や先輩から始めてもいい。とにかく積極的にぶつかっていく。

そして、そんな人に出会えて関係を結べたなら、真似をする。仕事の段取りなどはもちろん、話し方などまで――**一から十まで完全コピーするぐらいの気持ちで盗もう。**盗もうと思ったら徹底することが大事だ。

「守破離」という言葉を聞いたことがあるかもしれない。

最初は教わった事を墨守して、次はそれを破る。最後には離れて、自分のオリジナルを作り上げる――というような意味だ。

一人前になるためには、まず優れた人から学ぶ、真似ることから始まる。その「真似る」が、ここで話している「守」だ。

しかし、この「真似る」ということを本気でやれていない人が多い。皆、中途半端なのだ。

何事も焦らず凡事徹底（簡単そうなことも、徹底すれば一流になる）が大切。本気で学ぶ、真似ることから本質が見えてくる。

本質が見えてこそ、本物へと脱皮していける。

いずれは「破」と「離」、つまり、そのメンターから卒業する時が来る。というより、卒業できるくらいにならないといけない。

卒業とは縁を切ることではない。昔から、良い師匠というのは、優秀な弟子を送り出してこそ評価が上がるものだ。徹底したコピーの先に、自立したオリジナルな存在になることこそが、メンターへの恩返しになる。

また、メンターは一人でなくても大丈夫。フェーズによってメンターの対象も変わってくる。仕事面でのメンター、人間面でのメンターなど、メンターは複数いていい。それらのメンターのいいとこ取りで、最強になればいいんだ。

まずは「守」の段階。「すごいと思う人から盗めるだけ盗め！」。それをガムシャラにやってみよう。

付け加えると、「とにかく四六時中一緒にいる」くらいの気持ちでいってほしい。

例えば、僕はタバコを吸わないけれど、休憩時間の喫煙所までついて行き、プレゼン資料や企画を見てもらったりしていた。喫煙所に限らず、ふとした息抜きのタイミングは大事だ。普段話してくれないこと、聞けないことに触れるチャンスだ。

もう一つ、メンターと決めた人の前では弱みも曝け出そう。人は自分に興味のある人を大事にしようとするもの。弱みを見せるそんなあなたを、より可愛がってくれるはずだ。

POINT!

一流に触れることが一番の早道だ。「この人」と決めたら完コピする勢いで学べ。

「何でもやります！」を続けるな

メンターから本気で学び、本気で真似ることができれば、必ず自分に型ができてくる。

型ができ始めるとブレなくなる。生き方や仕事に背骨ができるイメージだ。しかし、このままではまだ自分らしさ、自分の強みと言い切れるまでには至らない。

続いて、「破」に進んでいく。よく言われる言葉だが、型を作って、それを破るのは「型破り」、型が最初から無いのは「型無し」だ。

「破」の段階では、取捨選択が重要になってくる。

「何でもやります！」「何でもできます！」の時期に期限を設けることで、無駄に長く時間や労力を費やすことを回避する。

Keyword

頑張ることから逃げよう！ フリーダムサラリーマンのススメ

ここで、偏差値が高い優等生や、責任感の強い頑張り屋さんがやりがちなことがある。

それは、「何でもやります！」から抜け出せないこと。良くも悪くも人の期待に応えすぎてしまうのだ。自分の癖や生きてきた習慣を拭い去るのは簡単じゃない。

「何でもやります！」を卒業するタイミングは、「仕事に飽きを感じ始めた時」「充実感が得られないと感じ始めた時」がおすすめだ。

その時期からは、不得意なこと、やっていても楽しみや成長を感じられない仕事を捨てて、得意な仕事のレベルアップに時間を割いた方がいい。

つまり、その仕事で一番になるための準備に充てる。誰にも負けないポジションを作り始める時だと言っていい。

また、いつまでにどこまでレベルアップしていきたいのかを決めてほしい。目的地を定めないで歩き出しては散歩に終わる。旅行においても、目的地を定めるからこそ旅の行程が組み立てられる。
旅の行程も移動手段も、限られた時間や予算の中で決めていく。無茶な行程や予算を遥かに超えた移動手段を選択しては、旅自体が計画倒れになる。
それと同じで、**目標は「ちょっと背伸びするぐらい」が丁度いい。**

POINT!

「何でもやります！」を長引かせない。目的と目標を明確にして取捨選択しよう。

会社のリソースを盗めるだけ盗め

現代人にとって、守破離の「離」とは、得意な仕事を好きな仕事、やり甲斐のある仕事に昇華させていく段階だ。

そして、その元になるものこそが「自信」だ。

「自信」が強まると、不思議にも付き合う相手も変わってくる。

逆に、自分に合わない人から疎まれたり、敵になったり、時には孤立してしまうこともある。

それも「離」の一側面だ。**不必要な人が離れていくのだから、その別れに思い悩む必要はない。**

それでも、いま居る場所が楽しく、会社自体も好きならば、居残ってもいい。

もちろん、違うのならば転職したっていい。ただし、転職を考える前にやっておくべきこと、盗んでおくべきことがある。

起業とは違い、**サラリーマンの特権は会社の看板やリソースを使い倒せることにある。**ヒト、モノ、カネを揃えることがいかに難しいか。起業したことがある人ならばよくわかるだろう。サラリーマンも、彼らの体験談から学ぶ事ができる。

自分一人では限界がある「社会的インパクト（影響力）」を、短期間に、給料を頂きながら活用できる。

会社のリソースと自分の経験やスキルを掛け算して、新しくて大きくて面白いことをやる。

独立起業しなくても、ノーリスクハイリターンで新しくて大きなことをやって結果を出せる。

――これを知るサラリーマンを、僕は《フリーダムサラリーマン》と呼んでいる。
会社のリソースを使い倒しながら、外から知見を輸入し、相乗効果を出して社会全体に影響を与えたり、創り出したりする働き方こそ、これからのサラリーマンに求められるスキルだと思っている。
近い将来、かならずフリーダムサラリーマンの存在がフィーチャーされるはずだ。

POINT!

サラリーマンの特権を活かしに活かし、「フリーダムサラリーマン」を目指せ！

Keyword
頑張ることから逃げよう！
フリーダムサラリーマンのススメ

キャリアを「積み減らす」という発想の転換

芸術家・岡本太郎氏のベストセラー『自分の中に毒を持て』（青春出版社）に「人生は積み重ねだと誰でも思っているようだ。僕は逆に、積みへらすべきだと思う」というような言葉がある。

キャリアの積み重ねは、確かにプラスの面が多いように見える。けれど、「知識や経験が邪魔をして、知らなかった時の方が素直にガムシャラにできていた」という体験をしたことはないだろうか。

知識や経験は、増やせば増やすほど仕事の幅やこなせる量も広がり増えていく。

でも逆に、生きづらさを自分で作り出してしまう場合もある。やりたくないことや、できるけど好きじゃない仕事が増えたりするからだ。

Keyword

頑張ることから逃げよう！
フリーダムサラリーマンのススメ

得意なことが好きなこととは限らない。やればできるし、できるから頼まれて、頑張って結果を出す。でも何かつまらない。ストレスが溜まっていく。

もちろん、はじめは好きでもなかった仕事が、やり続けていく中で好きになることもあるかもしれない。「意に沿わず配属された先で、天職を悟る」なんて話は、昔からあるものだ。

ただ、**年齢やキャリアを上げていく中で、時折きちんと仕事の棚卸しをした方がいい。**自分でなくてもできる仕事はできる限り人や後輩に振るべきだ。

僕自身も、たとえ失うものが大きくても、誰かに回せると思った仕事は思い切って譲ってきた。

そのおかげで心にも時間にも余白が生まれ、好きな仕事、自分にしかできない仕事に投資し続けることができた。

そして、いまの自由がある。

大事なのは、自分の強みを生かせる仕事、貢献度が高い仕事に絞り込んでいくこと。

得意というだけでその仕事にしがみつき続けると、本当にやりたかったことがわからなくなるリスクがある。仕事は得意な人に集中してくるようになっているからだ。

できる人ほど仕事が増えていく。同時に、人の期待に応えることに快感を覚えていく。

それは悪いことじゃないよ、と反論する人もいるかもしれない。だけど、期待にばかり応えようとして、本当に自分が楽しいのかを押し殺してしまう場合だってあるのだ。

脱サラとは、起業だけを言うわけではない。**黙々と指示に従う働き方から脱出すること、つまり「続けない働き方」だって脱サラだ。**

自分軸で働くということ。好きの絶対値を上げて楽しむために働く術を身につけることだ。

得意なことと好きなことをきちんと区別する。仕事を楽しむコツはこれしかない。
キャリアを積み上げていく一方で、やらないこと、任せることをきちんと決めよう。自分の立ち位置をより明確にする。その方がより輝いていけるし、プロフェッショナルとして役立つ人間になれる。フリーダムサラリーマンになれる。

Keyword
頑張ることから逃げよう!
フリーダムサラリーマンのススメ

POINT!

脱サラとは、「好き」の絶対値を上げて楽しむために働く術を身につけること。

Keyword

お金の不安から逃げよう！「もらう思考」から「稼ぐ思考」へ

Part4

Money

お金

「お金に縛られない考え方」

働き方を変えるだけで誰でもお金は稼げる！

年金制度の崩壊によって、定年後の人生は不透明さを増している。

70歳？　80歳？

いや、死ぬまで働かないといけない可能性すらある。

また、終身雇用や退職金制度の崩壊によって、一流大学から一流企業へ、というレールも陳腐化し、40歳で一度、定年を迎えるなんて説もある。


僕たちは、物心ついた時から、社会や親から与えられた一定のルールに従って、「次を見据えながら」頑張って生きてきた。

小学校から中学受験に没頭し、中学校ではいい高校に入る準備を、高校に入ったらいい大学に入る準備をする。大学に入ったら束の間の休息を得て、名の知れた会社に入る準備をして、名の知れた会社に入る。社会に出れば、

Keyword

お金の不安から逃げよう！
「もらう思考」から「稼ぐ思考」へ

常に自分で選択して生きていかなければならないのに……。

社会に出て冷静に振り返ってみたら、それは社会や親の価値観を後ろ盾にした、正しいとされるレールに従った選択でしかなかった……。


いったいいつ「本来の自分」を、「いま」を生きてきたのだろう？

自分はもしかしたら、**本当の意味で「いま」を生きたことがないのかもしれない……。**


頑張ったら頑張り続けるしか選択肢がない。頑張るのをやめた後の世界なんてわからない。だから当然「逃げてみる」なんて発想もない。

仮に、そんな選択もあるんじゃないかと気づいても、感情より思考が勝り、感情を押し潰してしまう。

だから、怖くてできない。


頑張り続けた先にも安心は見えてこない。頑張っても頑張らなくても不安しかない。

生きていく未来に不安しか残らないから、どうしても目に見えるお金にばかり執着してしまう。

「やりたいことをしたい！」「好きで得意な仕事がしたい！」という気持ちが出てくる一方で、それをやったところで稼げない、生きていけないという気持ちが、感情に「どうせ無理に決まっている……」という思考の分厚いフタを被せてしまう。

解決策なんて一つしかないんだよ。

それは、**「目に見えるお金に縛られる生き方・考え方を捨てる」こと**。そして自分が楽しくなること。やり甲斐を感じられること。いまを頑張れることにお金を使うという思考をとること。それしかない。

そのためには、働き方を根本から変える勇気が必要だ。

Keyword

お金の不安から逃げよう！
「もらう思考」から「稼ぐ思考」へ

「いまを生きる！」という、人生初めての選択を自分で下そう。遥かかなたにある理想の世界を追い求めても何も生まれない。できることしか人間にはできないんだから。**いまできること、いまを真剣に生きることしか、解決方法なんてない。**

いま、好きな仕事をして好きな仲間を作り、いま、稼げるお金をきちんと稼ぐ。

貯金は必要以上にしなくていい。必要だと思った機会（チャンス）や本当に欲しいものがあった時には、感情に従って思い切って使う。

そうやって使ったお金は「活きたお金」（後述）に変わる。自分を喜ばせてくれたモノやサービスに、「ありがとう」という気持ちでお金を支払う。そのマインドがお金に乗り移って、買ったモノやサービスに自分の心が乗り移るんだ。それは自己投資と一緒になる、ということを伝えたい。

目的もなく意味もなく、「将来のため」の不安を動機にした貯金はしなくていい。
いまを生きて、自分をアップデートし続けて、自分が喜ぶこと、自分に価値のあることに投資するマインドが、いずれ必ず「いつでも稼げる自分」へと変えていくから。

POINT!

お金に執着する生き方は捨てろ！いまを全力で生きることにお金は使え！

国際線チェックインカウンター（北）
International Check-in
국제선 체크인 카운터(북)
A
B
C
D
CAMBODIA
SECURITY

「給料を上げてくれ」と言える自信を持て

どうやったら給料は上がるのか

そもそも、いちサラリーマンに給料を上げる交渉なんて可能なのか？

この話はサラリーマンにとって大事なことなので、きちんと書いておこうと思う。

「トップの営業成績を取ったら……」「ヒット商品を生み出したら……」

そう思うかもしれない。だがどんなにいい成績を上げても、会社員の給料は期待以上に上がらないのが一般的だ（完全歩合の世界は別だが）。成果報酬の仕組みを採用していない会社は尚更そうなるだろう。

Keyword

お金の不安から逃げよう！「もらう思考」から「稼ぐ思考」へ

じゃあどうすればいいのか。その方法はただ一つだ。

きちんと、自信を持って「給料を上げてくれ」と伝えること。

日本人は、給料交渉をしない人がものすごく多い。初任給を何の疑問もなく受け入れるのは当然のことになっているし、転職内定時の年収オファーも、企業側からの提示をそのまま受け入れている人が多い。

結果を出しているのなら、自信を持って給料交渉をしていい。お金なくして生活はできないし、自己投資もできない。

お金は、貯めることではなく回していくことでまた懐に入るようになっている。「ありがとう」と言って、思って、お金を使うマインドが自分を豊かにし、お金を使わせてくれた人や会社も豊かになる。

この考え方が日本人には薄いし、そんなお金の循環について学ぶ場所がないこと自体、本当はおかしいと僕は思っている。

「給料を上げてくれ」と言えない理由もわかる。

会社の評価がより厳しくなるのではないか……、会社に反発したと見なされ失職するのではないか……、マイナスのイメージがつくのではないか……など、恐れと不安が強くて口に出せずにいるのだ。

でもそんな状況は「給料を上げてもらいたいと思いながら、じつは、もらいたくないと潜在的に思っている」ということだ。

「そんなふうに不満や不安にフタをし続けていい仕事ができますか?」と僕は聞きたい。

あなたがしなくてはならないのは、あなたが心の底からやり甲斐と充実感を感じられる仕事をすることだ。仕事の質をもっと高めて、もっと深めて、もっと良い価値を社会に提供することだ。

だから、そんな自分になるために、**いまの給料が満足できないのなら、自信を持って、自分に責任を持って交渉してほしい。**

そんな考え方を一人でも多くの人ができるようになるためにも、モデルに

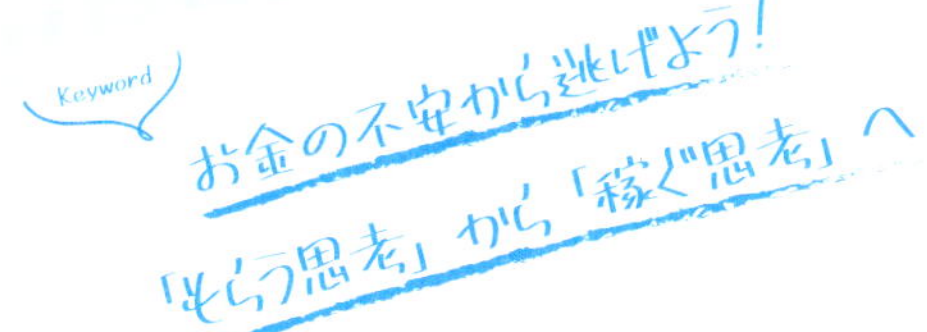

なるくらいの使命感があっていいのだ。自分の働きや価値に見合った給料をもらうことは善である。

いま手に入れられるものは、いま手に入れる! これは、すごく大事なことだから。

POINT!

給料の交渉を怖がるな。自信を持って交渉しよう。

給料は「もらう」ではなく、「稼ぐ」

当たり前だけど、働くからお金が入る。

つまり、物事には順番がある。

この順番に沿って深く深く考えていくと、**「働き方、働くことへの考え方の違いから、お金の入り方が変わってくる」**という答えが見えてくる。

まず、仕事の目的――何のために仕事があるのかが、お金に対する考え方に大きな差となって表れてくる。

お金は、単に価値の交換時に必要になるモノでしかない。

大切なのは「どんな価値を作るか、与えるか」だ。ここをきちんと認識してほしい。

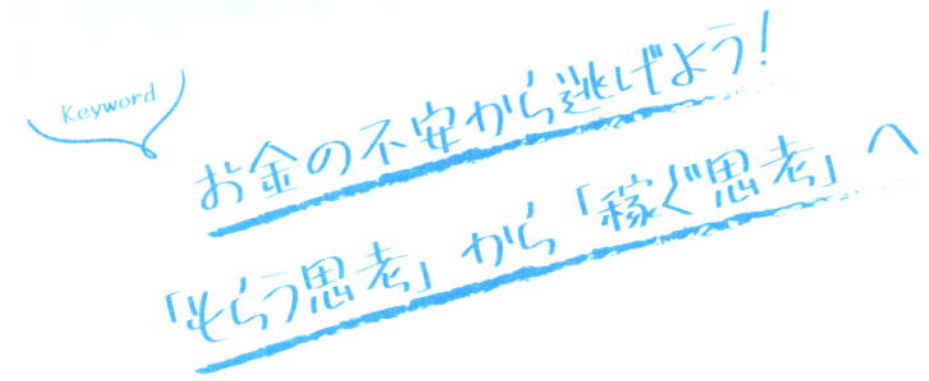

そして価値を作るのは自分自身だということ。価値の元となるのは自分の視点や信念だ。その信念のままに、自分の価値をなんらかの形として提供できる仕事をすることが一番の幸せなんだと思う。

そんな働き方をしている人に、「仕事が辛い」とか「苦しい」とかあるわけがない。

もちろん、大変なことや悩みがなくなることはないだろう。でも「辛い」や「苦しい」に精神が蝕(むしば)まれることがなくなるのだ。

だから、もし仕事が「辛い」とか「苦しい」とかになっているとしたら、その時点でヤバいということを自覚しよう。

自分の仕事や職場を嫌っていると、お金を稼ぐことすら忌み嫌い、悪いことだと勘違いするようになっていく。

ひどい時は、自分の価値観と合わない仕事で得たお金は汚いものだとすら感じるようになっていく。

そうなると、給料は「我慢料」にしか思えなくなる。

だからこそ、お金のことを考える前に、本当の自分を知り、自分に合った仕事、自分の価値観に合った、または価値を引き上げてくれる人間関係や働き方を考える。それは本当に大切だ。

給料はもらうものではなく稼ぐこと。
だから、自分の価値に見合ったものをお金に交換してもらう。稼ぐことは「善」でしかない。

自分が稼ぐことで、自分の真価が決まっていく。
稼いだお金の一部は税金として地域に活かされ、また自分への投資としても活かされる。活きたお金が循環し、その循環を通して自身の価値が高まっていく。

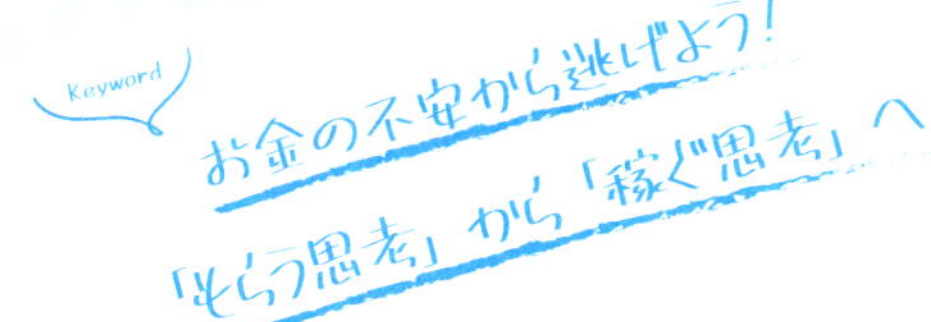

自分がただ金持ちになりたいと思うか、自分が稼いでくることで、周りに少しでもインパクトを与えたいと思うか。
この視点の違いは、かなり大きい。

POINT!

自分の価値に見合ったものがお金に換わる。稼ぐとは価値であり善でしかない。

目的なきお金稼ぎは心を貧しくする

お金は、もらうものではなく、稼ぐこと。

稼ぎとは、提供できる価値の大きさに見合うだけのお金が与えられるということ。

じゃあ、あなたにとっての《価値》とは何だろう？　価値は他人が決めると勘違いしている人がほとんどだ。だけど本当は自分で決めることだ。

生き甲斐を感じて働けている。自分が好きなこと、やりたいことを素直に真っ直ぐにやれている――それこそがその人の価値だ。

そして、その価値に人は惹かれる。その人に必要なものを運んでくる。

年収1000万円欲しい人がいたとする。でも、なぜ、それだけの額の収

Keyword

お金の不安から逃げよう！「もらう思考」から「稼ぐ思考」へ

入が欲しいのかをきちんと説明できる人があまりにも少ない。

「好きなこと、やりたいことを叶えるためにいくら稼ぎたいのか？」「何に対して生き甲斐を感じるのか？」

こういった問いを突き詰めていけば、単にお金が欲しいとか、年収はいくら欲しいとか、お金があれば幸せだ、なんて考えなくなる。

なぜ、1000万円欲しいのか？

その人が無目的に、「単にお金があれば幸せだ」という幻想に取り憑かれて年収1000万円を目指すのであれば、逆にどんどん自分のやりたいことから遠ざかり、本当の自分からも遠ざかる。

社会が裕福になったいま、お金はもう、欲しくて、頑張って、我慢して稼ぐという時代じゃない。昔は、それが当たり前だっただろうし、生きていくために働いていた時代があった。そうやって働くことに意義があって、生き甲斐になっていたんだと思う。

でも、いまは違う。自分にとっての「意味」が大事。

それがまわりまわって社会的「意義」にも繋がる時代。
なぜ、その額が欲しいのか？
本当に欲しいのか？
何が欲しいからその額なのか？
はたまた、どんな人生、どんなライフスタイルで生きたいのか？

「なぜ？」を少なくとも5回繰り返してみよう。

あなたの生き甲斐、本当の価値とつながったとき、お金は必ずあなたのもとに集まってくるはずだ。

POINT!

あなたが本当にやりたいことをやる。そうすればお金は自然と集まってくる！

生き甲斐を形にする技術を磨け！

前節では、お金についての考え方を僕流の表現で書いた。心をきちんと整えられずに技術やノウハウに走ると必ず大ゴケするからだ。土台なしに家が建つことがないのと同じだ。

現実の話としては、お金をたくさん稼げるかどうかは、どの業界にいるかで大半が決まる。伸び代がある業界にいる人、需要が高くて供給が少ない業界にいる人の給料は高くなる。

はじめからお金目的なら、業界を決めて仕事を探せばいい。だけど、この本の読者は、そうではない人がほとんどだろう。

「社会のモノサシを基準にして、それに従って就職したものの、躓き、心が

Keyword

お金の不安から逃げよう！「もらう思考」から「稼ぐ思考」へ

折れてしまいそうな人」「何かが違うと感じている人」「いまのままの働き方、考え方ではマズイんじゃないかと考えている人」そんな人たちだと思う。

好きや興味で選んだのが上り坂にある業界の仕事なら、それでいい。

ただ、たとえ斜陽産業や小さな会社、決して条件が良いとは言えない会社だったとしても、やり甲斐や生き甲斐を形にできる仕事、努力を努力と思わないくらい好きな仕事であったなら、それが一番なのだ。

ただし、前にも書いたけど、どんな仕事をするにせよ、大事な働き方の技術はある。

それは、ポジションの取り方だ。

一番になれるポジションで戦うことが、なくてはならない存在として認められることに繋がっていく。

ここを勝ち取ることができた人は、どこに行っても、どこにあっても通用する。独立起業したとしてもうまくいく。ヘッドハンティングだって大いにあり得る。

生き甲斐、やり甲斐に合わせて、働くステージは変えていい。というよりも、積極的に変えていくべきだろう。そのステージの役割の重さに比例して、お金はどんどん稼げるようになっていく。

POINT!

お金を軸に働く場所を決めるな。生き甲斐を軸に働き方を変えていけ。

活きたお金の使い方

仕事は自分一人ではできない。人の力を借りてこそ成り立つ。

「お金がある人に、お金がある人が集まってくる」と書いたけど、もうちょっと詳しく、そして正確な話をしよう。

実はお金と人の関係においては、**お金の使い方をちゃんと知った人には、同じ考えの人たちが集まってくるのだ。**

お金には《活きた使い方》がある、と聞いたことがあるだろう。

その代表は、他人のために使うことだ。お金に悩みを持つ人ほど、自分のためにしか使っていない。

ハーバード・ビジネス・スクールの研究においても「少ない金額でも、他

Keyword

お金の不安から逃げよう！「もらう思考」から「稼ぐ思考」へ

人のためにお金を使っている人の幸福度は高い」という実験結果が出ている。

もちろん、誰でもいいから他人のために使えという意味じゃなく、自分が大切にしている人に使える人になろう、ということ。

少額の募金だっていい。特に、自分で稼いだお金で親やお世話になった人にプレゼントすると福運が増す。つまり**感謝の気持ちを渡すという行為に対して運は増すのだ。**

20代のうちは、お金があまりなく、上司や先輩から奢ってもらう機会も多いはず。後輩のためにという心は大切に頂いて、奢ってもらった恩はその本人に「返す」ではなく、下に「送って」いく。これを日本では古くから「恩送り」と呼んでいる。

だから、自分がしてもらったように後輩にしてあげればいい。そうやって、お金の使い方を職場で後輩に伝えていくことも教育なのだ。この連鎖は身近な関係性にとどまらず、世の中全体を良くしていくことになる。

できれば、お金を使う余裕がなく、大変な時でも、他人のために使ってみてほしい。
そして、使う時は気持ち良く使おう。そうすると、不思議にもお金の流れが良くなり、心の豊かさが増して、自分が大変な時に逆にお金が流れ込んでくるようになる。

POINT!

大切な人のためにお金を使う。
大変な時にこそ、人のためにお金を使う。

moda & mimo

お金や肩書に縛られるな！

同じサラリーマンでも、仕事に限らず生き方全般に自由な人、不自由な人が存在する。

ｐａｒｔ３で「自由なサラリーマンを《フリーダムサラリーマン》と呼ぶ」と書いたが、その反対の不自由なサラリーマンを、僕は《ビビリーマン》と呼んでいる。

幸せの感じ方は、自分自身の生きる目的のど真ん中に何を基準に置いて判断しているかで、面白いように変わる。

社会や親の価値観、他人軸で生きるビビリーマンは、

「豊かさ↑《お金や肩書》↓自由」

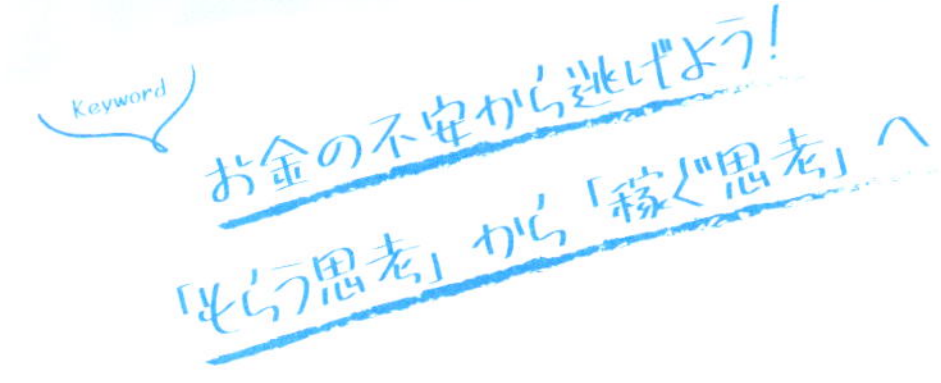

と考えてしまいがちだが、フリーダムサラリーマンの思考は、

「豊かさ↑《感謝》↓自由」

という構図になっている。

人の成功や失敗、幸せや不幸せという概念は、外側にある環境によって左右されるものではなく、自分の心のベクトル次第である、というのが正しい答えなのだ。

日本より遥かに貧しい国なのに、幸福度が高い国がある。同じ病気なのに、病気になって不幸と考える人もいれば「病気を乗り越えて強くなれるチャンス！　人の気持ちがわかるようになれた！　だから生きよう！」と、苦難を《使命》に変える人もいる。

ビビリーマンの生きる目的のど真ん中は、常にお金や地位や肩書があり、それらで動く習性が強い。思い通りにいかないと不平不満、愚痴を言いまくり、いまある幸せや当たり前にある幸せに目を向けることができない。

サラリーマンの最大のメリットは、ヒト・モノ・カネといったリソースを、給料をもらいながらリスクなしで活用できることだ、と前に書いた。また、給料以外にもオフィスの家賃、机や備品、保険などなど、そこにいるだけでお金をかけてもらっている。つまり、**与えるよりも、すでに与えてもらっている環境にあるのだが、それを感じられないのが普通の人たちだ。**

フリーダムサラリーマンと呼べる人たちは、形は同じ仕事をしていても、受け取り方に決定的な違いがある。

それが《感謝》というベクトルだ。生きる目的のど真ん中に感謝がある。「当たり前」と感じる、いつもの環境や人間関係に感謝できる心を身につけるのは難しく、基本的には自分で気づいていくしかない。

しかし、**全てが感謝で回り出すことに気づいた時、給料の高い低いなどはあまり気にならなくなるし、お金では買えない《信頼》という得難い財産が積まれていく。**

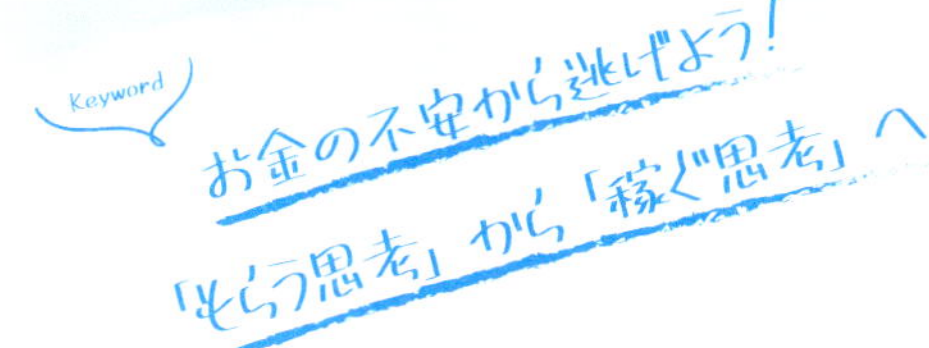

これが、「《いてもらいたい人》になる」ということだ。会社だって手放したくないから結果的に給料も上がっていく。もしくは、観ている人は必ず観ているもので、思わぬ会社から引き抜かれたりもする。

これも繰り返しになるが、脱サラとは、起業だけを言うわけじゃない。好きの絶対値を上げて楽しむために働く術を身につけることでもある。ビビリーマンからフリーダムサラリーマンになることこそ、脱サラの本質だ。

POINT!

お金や肩書を価値のど真ん中に置くな。ど真ん中に置くのは感謝の心だ!

Keyword

憧れから逃げよう！

執着から逃れた先に本当の自分がいる

Part5

Way of life

生き方

「後悔しない生き方、後悔し続けない生き方」

人気就職先ランキングに惑わされるな

毎年、必ず各メディアで発表される人気就職先ランキング。
なぜその会社や業界が人気なのかを冷静に考えてみたことがあるだろうか。

そもそも、就職先の人気と、自分がやりたいことや好きなこと、活躍できるところが一致するという理屈などありやしない。自分ではない、他人たちの人気投票で、自分の進路を決めていいのだろうか。

偏差値教育から偏差値就職。
つまり、このランキングは世間のモノサシがまだまだマジョリティだというこの表れなんだけど、そういう企業を選ぶ時点で、正直ダサい生き方だと思っている。

Keyword

憧れから逃げよう！
執着から逃れた先に本当の自分がいる

——と、偉そうに言う僕も、はじめはランキングに載っているような企業に憧れて入った身だ。

何かやりたいことがあったわけでもなく、世間や親のモノサシから外れる怖さと、何よりいままで偏差値教育で頑張ってきた自分を裏切るのが怖かったんだと思う。

結果、憧れだけで入った会社にいればいるほど本当の自分から遠ざかり、無理にその会社の一員という自分を演じて窮屈になっていった。周りも窮屈に見えてしまい、自分だってダサいのにオマエらダサいよって。そして、心が病んで会社に行けなくなった。

よく「人気企業は、20年、30年後は衰退企業になるだろう」と言われる。それは当たり前な話で、いつまでも成長し続け、繁栄する組織なんて稀だ。なぜダメになるかと言えば、他人の価値観や評価を大事にする人間ばかりがどんどん入ってきて、それがマジョリティになって組織が腐るからだと、僕は思っている。

これもよく聞く話だけど、そういう条件が良くて知名度が高い会社であるほど、ぶら下がり社員が続出する。本当なら辞めてほしいのに、そういう人ほどしがみついて離れない。

はじめは、みんなそんな人じゃなかったのかもしれないけど、組織の空気、文化は人を慣れさせる。みな、馴染んでいく。偏差値教育に慣れて、他人軸で生きていくことに危なさを感じなくなるのと一緒だ。

もちろん、やりたい事があって大企業に入るならいい。そういった一握りの人が、8割以上の人間を食わせているという「パレートの法則」も、統計や僕自身の経験から言って、事実だと思う。

ハッキリ言う。**「憧れ」や「見栄」で就職した場合は危険だ。**

やりたいことを無視した「憧れ」で選んだ仕事には、ふと虚しくなる瞬間が必ず訪れる。突き詰めていくと、どんどん本当の自分からかけ離れていく。

Keyword

憧れから逃げよう！
執着から逃れた先に本当の自分がいる

その先には、絶望しか残らない。

だから、ただ「憧れ」だけで会社に入ってはいけない。

自分の価値を認められなくなり、仕事自体も楽しめなくなり、「憧れ」「見栄」から逃げられず、苦しみのスパイラルにはまってほしくはない。

もしいま、あなたが、そんな動機で働いてしまっているなら、悩み続けながら、もがきながら道を切り開いていくしかない。ただ「本当にヤバいと感じたら休め！　逃げていい！　逃げなきゃダメだ！」――と、伝えたい。

逃げたいと思えるくらい悩んできたこと自体が宝になるし、力に変わる。

その自分をありのままに認めて褒めるべきだ。

なぜなら、逃げたいとまで悩み、苦しむことからさえ逃げて、適当にうまく泳ぐ人間の方が多いのだから。そこまで悩めること自体が才能だし、人としてカッコいい。

最後に、仮に「憧れ」や「見栄」で選ぶにしても、その選択をしなかったことで後悔すると思うなら、チャレンジすればいい。やらずに悔やむくらいなら、やって悔やむ方が成長するからだ。

後悔は執着をより強くする。そのままにしておくと、「言い訳」としてそれがいつもつきまとう。

「本当は他の道もあるんだ……。こんなはずではなかったんだ……」と。

後悔しない生き方、後悔し続けない生き方。それが大切だ。

POINT!

ちゃんと悩み苦しめるのは、人としてカッコいい。

〝手に入れていない〟ものは手放せない

迷いや悩みは、執着することから生まれる。
あなたも気づかぬうちに、型にはめられた思考、他人や社会のモノサシに執着しているはずだ。

でも、執着しているものを手放さない限り、新しいものは手に入らないようになっている。「ブーメランの法則」と言って、**大事にしているものを手放すことで、それが大きくなって返ってくるのだ。**

わかりやすいのはお金だろう。自己投資や大切な人のために——もちろん自分の好きなことのために、ということも含めていい——大切なお金を使うこと（本来は「回す」という考え）で、それ以上のものが自分に返ってくる。

Keyword

憧れから逃げよう！執着から逃れた先に本当の自分がいる

自分を変えるためには、執着しているものを、勇気を出して手放さないといけない。

ただし、あえて執着するという入り口もある。手に入れたいものがあるなら、手に入れるまで執着し続けることから始めていいんだ。なぜなら、**手に入れてみなければ手放すことすらできないから。**

どうしても入りたい憧れの会社があるなら、入ってみればいい。違ったらすぐに辞めてもいいんだ。僕がそうだったから。

一度入ることでわかることがある。人生、やってみなければわからないことだらけだ。

ただ、何にでもケリをつける癖をつけてほしい。ケリをつけることで、スッキリしてやっと次に進める。アクセルをベタ踏みで進められるようになる。

恋愛と一緒で、好きな人に告白もできずに、ずっと引きずっていると、いつまでも次に進まないし、進めなくなる。ケリをつけるまで次に行けないから、おかしな執着が芽生えて余計にうまくいかなくなる。

その構図は、努力にも当てはまる。ついつい「これだけ頑張ってきたんだから……」「もったいないから……」と非合理的な執着でやり続けようとしてしまうが、この場合の執着は自分都合の思い込みでしかない。

ケリをつけて執着を手放せた時に、運命の出会いが待っていたりするのだ。

仕事も同じ。はじめは執着からでも、それが欲しいなら手に入れるまで貪欲に執着してみる。

これを繰り返すことで、大事なことは、違ったら手放すこと。

とにかく食べてみて、不味かったら吐き出せばいいだけ。本当に出会うべき仕事や人に近づいていける。**本当は不味いのに、いつまでも手放せずにやり続けたら、間違いなく一生悔いを残す。**

そう簡単に他人のモノサシから脱却できないなら、欲しいと思ったままやりきって、違ったら手放すというケリのつけ方を学んでほしい。

僕はそれを繰り返して、いまではだいぶ自然体でいられるようになった。自分の価値観で生きられるようになった。本当に欲しいものだけを手に入れまくる大切さを知ったんだ。

POINT!

執着を手放せた時、新しい自分の人生が始まる。

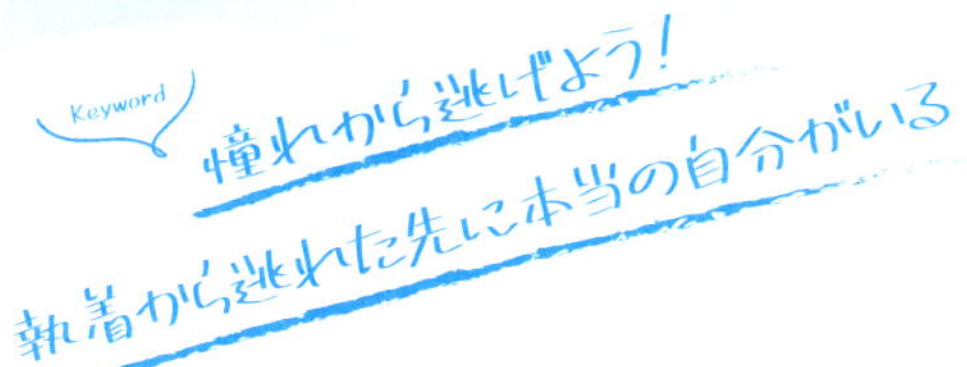

いまやるべきことにのみ、集中せよ！

僕は、社会人になった時、憧れから掴んだ会社であるにもかかわらず、「○○会社の後藤です」と言っている自分に強い違和感を持っていた。

いい大学、いい会社と、そのことに一切疑問を持たずにきたはずなのに、それを手に入れた瞬間から、幸せじゃないと気づいた。

誰しも社会で生きるためには肩書を必要とする。肩書を励みに頑張れる人もいれば、肩書に潰されてしまう人もいるだろう。

本来は**その人が肩書を輝かせていくべきものであって、肩書によって輝くものじゃない。**「幸せじゃない……」と感じていた僕は、そこがわからなかった。

Keyword

憧れから逃げよう！
執着から逃れた先に本当の自分がいる

僕たちは、世の中の「条件付き」の承認を求めて生きてきてしまった。

〇〇大学のわたし、□□会社のわたし――。それが人や社会に認められるための条件だ、と。それがないと周りから認められない、という思い込み。他人や社会の価値感に依存していないと自分が見えなくなる怖さ。

でも、人は誰でもは潜在的に「やりたいことを見つけたい！　条件付きではない本当の自分を生きたい！」と思っている。それに気づいた時、現実と感情の矛盾に絶望する。

でも、その絶望感には価値がある。

気づいたこと自体が、新しい一歩を踏み出している証だから。

《思考停止を余儀なくされて、条件付きの承認にしがみつく自分》から、《無条件で、ありのままの素直な感情を基準にする新たな自分》への第一歩を踏み出した証。

人には必ず、その人にしかない《使命》がある。その使命に気づいた時、

人は劇的に変わる。

仕事も、働くこと自体が目的なのではなく、お金を稼ぐことが目的でもなく、誰かに承認されることが目的なのでもない。それは《使命》を果たすための手段でしかない、と気づく。

どんな理由で、どんな会社を選んだのであれ、人は社会に出て本当の自分を知るようになる。**自信があるとかないとか、楽しいとかつまらないとか、全てやってみて、動いてみて初めてわかるものだ。**

自信がないから動けない、動けないから何も得られない、何も得られないから自信が持てない。そんなループから脱出するには「動く」ことだ。だから、動いたこと自体に全部意味があると捉えてほしい。

まずは、まるごと自分を認めてしまおう。

未来の不安も、過去の後悔も、全部捨ててしまおう。そして《いま》やるべきこと、《いま》できることに集中し、どんなに不器用でも、下手クソで

Keyword

憧れから逃げよう！
執着から逃れた先に本当の自分がいる

あっても、《いま》に生きることだ。

そして、いまに集中し精一杯生きている自分をカッコいいと認めて、「すごい！」と承認して、昨日よりも今日、今日よりも明日を生きていこう。

いまが全てなんだ。いましか変えられないんだ。――その《いま》に、過去の自分が反映され、未来もまた、いまが反映される。

禅でもマインドフルネスでも、この《いま》に注目することを教えているように、これは普遍の原理だ。

会社の「歯車」になるか、エンジンそのものになるかは自分次第だ。

仕事も肩書も「役割」でしかない。与えられた役割に忠実に生きるのは楽かもしれないけど、どんな仕事でも自分にしかできない味付けをする、工夫をするということを忘れないでやっていこう。

「今日は、昨日よりほんの少しでも新しい工夫をしてみよう」と決めていけばいい。

与えられた仕事の中にも、新しい味付けで仕事を作る感覚だ。

最初は、「これを頼むならおまえだな」と言われることを目指そう。

やりたいことも、得意なことも、はじめはわからないのが普通だ。

だから、肩書に関係なく仕事を任されることから、新しい自分へと脱皮していけるものなんだ。


POINT!

仕事や肩書という「役割」を演じるな。いま、目の前にあるものに集中しよう。

「覚悟」よりも「勇気」よりも、「許可」を！

やってみたいと思うことがあるけど、勇気が出ない。行動できない。ましてや、覚悟なんて大それたことを……と思ってしまって、自分にはできない。できる人だからできるんだと思い込んでしまう。

この、「自分にはできない」という思い込み。

じつは、できないと言うより、**できることのイメージが湧かないため、できない怖さより、「できる怖さ」を潜在意識で感じているから**だそうだ。

僕が10代、20代の時も、何かを決断する時、「覚悟」を決めて「勇気」を出すことが必要だと思っていた。

自分を昂(たかぶ)らせて、追い込んで、もうやらざるを得ない状況までテンションを上げていく。これで何度も目標を達成してきた。だけど達成するたびに燃え尽きていた。頑張っては燃え尽き、ボロボロになる、の繰り返し。

アニメの『ドラゴンボール』みたいに、戦い続けてめっちゃくちゃ強くなるサイヤ人ばりの繰り返しパターンで。いまでも仕事のプレッシャーが大きい時、自分はサイヤ人だと言い聞かせながら「勇気」を出して頑張る癖が抜け切らない。

だけど、これをずっとやっていたらシンドイ。

極限まで張り詰めては凹(へこ)む、の繰り返し。周りにも気を遣わせることになる。

Keyword 憧れから逃げよう！執着から逃れた先に本当の自分がいる

そもそも、奮い立たせなければできないこと、やれないことって、本当にやりたいことなのだろうか？

「椅子に座るのに『勇気』がいりますか？」。こんなたとえを、スピリチュアル界隈では超有名なバシャールが言っていた。

椅子は座るものだとわかり切っているし、座れるって思うから座れるわけで、いちいち「よっしゃー座るぞ！」と気合いを入れて座る人なんていない。

バシャールはこれを「観念」と呼んでいる。椅子に座れるという「観念」を持っているから座れるのだと。心理学的には、自分に「許可」できているかどうかと捉える。つまり**「許可」していない状態では、奮い立たせたり、勇気や気合いが必要になってくる。**

例えば、転職経験がない人が、転職しようかどうか迷っている時、転職なんてうまくいくのだろうか？　失敗したら自分は生きていけるのだろうか？周りからなんて言われるのだろうか？　いまの会社にいた方がいいんじゃないか？　……などと、いろんな恐れが湧き出てくる。

まず一番必要なのは、自分が思い込んでいる考え方を変えていくことだ。「思い込み」を変えてあげる。

自分は転職していい人間なんだ、うまくいく以外にない人間なんだと「許

Keyword

憧れから逃げよう！
執着から逃れた先に本当の自分がいる

可する」こと。

周りの目や世間の評価を勝手に妄想せず、気にせず、自分がどう感じているのかという素の感情をそのまま許す。

「自分はもっとうまくいく！　もっと稼げる！　もっと成功できるし、叶えたいことを叶えられるんだ！」って思え、ということだ。

もう一つ、自分に許可を与えることの有用性を書いておきたい。

それは、**自分にきちんと許可を与えられる人は、他人がすることにもきちんと許可を与えられるようになる**ということだ。広い心で許すということにも繋がるわけだ。

真面目で一人で何でも頑張ってしまえる人は、得てして努力できない人や頑張れない人を認められない傾向が大きい。

こうすべきだ、こうあるべきだという枠を作ってしまうのも、そんな人たちに多い。

許すとは、できない人や、ダメだと思う人を、仕方がないと思ってそのまま受け入れるという意味じゃなく、ありのままに受け入れるという度量の問題である。わかってあげられる力と言い換えられるだろうか。

このあたりの話は難しいので、ここでは、「許可」してあげることの重要性だけ学んでいただければいいと思う。

POINT!

「できるのが当然、当たり前だ」と自分に許可を与えることで行動が変わる。

何事も自分のモノサシで決めろ！

蛇足かもしれないけど、本当に実現しちゃうんだという僕の事例を書いておきたい。

20代、独身の頃の僕は、東京に住むことに対してかなりこだわっていた。東京タワーの見えるマンションに住み、六本木ヒルズのオフィスに通う。田舎者らしい夢を叶えていた。

だけど、結婚して、子供もできて、「東京」に住むのがだんだん息苦しくなり、小田原の海辺に移住した。

はじめは、「サラリーマンが勤務地からかなり離れた場所に住んで果たして仕事が務まるのか？」と悩んだし、「会社から文句を言われるのではないか？」と、周りの目を気にしたりした。「もう少し落ち着いてからでも」とか「老後に叶えればいいかとか」移住を先延ばしにすることも考えていた。

だけど、しばらくして「いますぐにでもやりたいことや、やろうと思えばやれないこともないことを、先延ばしにする理由なんてどこにあるんだろう？」と考えた。常識で考えれば、無理なことになるのかもしれないけど、

「え、いまでよくない？」

って思ったんだ。

前節で書いたことだけど、自分に《許可》を出した。「いますぐ住んでもいいんだ！」って。

一つの事例でしかないけど、**明日が保証されない人生において、いまやりたいことや、やれることを常識の枠で制限してしまうのは気分が悪い。**実際、この引っ越しのおかげで――自分に許可を与えて行動したおかげで、仕事の効率が上がり、結果も出た。そんな自分を応援してくれる会社からの引き抜きにも恵まれた。

Keyword

憧れから逃げよう！
執着から逃れた先に本当の自分がいる

自分の感情に素直になり、自分のモノサシで決める習慣が生活を変え、行動を変え、自分が変わる。そして、自分が変わるから、環境が変わり、人まで変わるという原理を身に染みて感じている。

自分に許可を出すという生き方、働き方。

無理せず、焦らず、奮い立たせず、ただ、「やりたい」「してみたい」「そうしたい」という素の感情を《許可》してあげる。それだけでどう変わるのかを体験してほしい。

POINT!

いまやりたいことはいまやる習慣が、驚くほど現実を変えていく。

熱くなれる自分を持て！

ある都内の私立大学でキャリア教育の授業に登壇させていただいた際、学生からこんな質問が出た。

「夢って、あった方がいいんですか？」

自分も同じように考えてきたし、年齢を重ねれば重ねるほどわからなくなる感覚もある。

少なくとも、**夢は無理に見つけるものじゃないし、見つかるものでもない。**

質問の裏には、夢を持てないもどかしさ、自分がどこに向かおうとしているのかわからないもどかしさがあるんだと思う。それは、僕にもよくわかる。

Keyword

憧れから逃げよう！ 執着から逃れた先に本当の自分がいる

それより、10代、20代は、やりたいこと、やってみたいことにリスクを無視してチャレンジし、いろいろな人に触れたり本をたくさん読んだりして、自分に合うこと、合わないことを知る方がいい。

そして、合わないことは潰しまくっていく。人には、いましかできないことがたくさんあるものだ。いまやるべき努力をやらないことほど、悔いを残すものはない。

もっと言うなら、やるべき努力を正しい方法でやり抜く力を身につけていくべきだ。だから学び続けることが大切になる。

世界の偉人や、一流と呼ばれる人たちに共通しているのは、学び続ける努力。そして向上心が誰よりも強いこと。

興味を持ったことにどんどん手を出してみよう。「一つでもいい。とにかく何かに熱くなれる自分を持て！」と伝えたい。

僕はそうやって生きてきた。いまやるべき努力を、手探りしながら突っ走って、突っ走ってやってやってきた。

元メジャーリーガーにして、世界トップクラスの超一流選手、イチロー氏がこんなことを言っていた。

「『できなくてもしょうがない』は、終わってから思うことであって、途中でそれを思ったら、絶対に達成できません」と。

やるとなったらやり尽くす。

できるかできないかを問うよりも、やるべきことに全力で取り組む。

この、何かに必死に取り組む生き方の中に、じつは、少しずつかもしれないけど、自分のやりたいこと、生涯かけてやるべきことが見えてくる。もしくは近づいてくるんじゃないだろうか。

いつか振り返った時に、「これが自分の『夢』だったんだ」と気づく――という感覚でいいと思う。

イチロー氏も選手時代、「夢は近づくと目標に変わる」と言っている。

夢は無理に奮い立たせて見つけるものじゃない。また《憧れ》を追いかけて生きるのも遅くとも20代までに終わらせ、自分にしかない、世界唯一の《使命》を考えて生きるべきだ。

Keyword
憧れから逃げよう！
執着から逃れた先に本当の自分がいる

《使命》とは、文字通り、「命の使い方」。何のために生まれてきたのかということ。

難しい問題だし、一生かけて気づいていくべきものなのかもしれない。ただ僕は、「《自分が》やりたいことにフォーカスすること」が大事だ、と思っている。たとえ誰が何と言おうが、止められても、やりたいことにフォーカスすべきだ。

もっと言うと、自分だから、誰と比較することなく、無我夢中でできること。

無我夢中になれることは、苦労とは思わない。**大変なこともあるけど、努力とは呼んでも苦労とは呼ばない。**だから、とことん頑張れる。

すると、自ずと「自分にしかできないこと」になっていく。

夢という言葉に引きずられることなく、本当にやりたいことを見つけるんだ。必ずある。使命がない人など存在しないのだから。

POINT!

自分だからできること、
自分にしかできないことを追求しよう。

人生も仕事も紆余曲折がいい

人生にマニュアルは存在しない。

ただ、時代や生きていく過程で、変えなければならないこと、変えてはならないことがある。

社会の変化、仕事の変化が激しい時代に、決められたルールやしがらみ、個人で言えば過去や親のしがらみにいつまでもぶら下がっていては、一生取り返しのつかない結果を残してしまう。

決められた決勝点は、二度と取り戻せない。

だから「一度言ったことは変えてはダメ」だとか、「一度決めたことは最後までやり遂げるべきだ」といった思考は古い、と強調しておきたい。それらは、環境が変化しない時代の規範だ。

Keyword

憧れから逃げよう！執着から逃れた先に本当の自分がいる

自分が覚悟を決めてやりきると決めたこと以外の世間のモノサシには、最初から疑いの目を持つ注意力が、僕たちには大切だ。

「自分がいる業界や業種が今後どうなるか、その中で自分はどうしていかなければならないか」と常に思考しながら、いますぐは必要なくても、重要なことに対して、きちんと準備していくことだ。

ヒントは、常に時代の逆を考えること。流行りの逆をイメージしていくこと。

人の感情は、振り子のように左右に動き続けるからだ。いまはこんな時代だ、だからこれからはこういうものが求められる、脂っぽい食事ばかりしていればさっぱりした食事を求めるとか。

だから、人生も仕事も紆余曲折が正しい。目的自体も変わっていい。

近い未来、いまの仕事の65％がなくなっていると言われている。だから子供に「将来何になりたい？」「将来の夢は？」といった質問自体がナンセンスなのかもしれない。

何度も言うけど、会社の知名度や看板で仕事を選ぶ時代はもう終わりだ。変えてはならない大切なこと、自分のやりたいこと、好きなこと、やってみたいことを目的にして仕事を選ぶ（創る）時代なのだ。


自分は何が好きで、どんなことをやっている時が幸せなのか。その感情財産を大切にする。


仕事はその感情を大切に育む手段と捉えていい。

そして手段は、いつだって変わっていい。そう、無理に同じことを続けなくてもいい。


一貫して、ずっと同じ仕事をして感心されているような人には、意外と思考停止していたり、変化を拒む人が多い。

10年同じ会社にいて、その会社でしか使えないスキルを持っていても、市場価値がなくなってしまえば食えなくなる。

もちろん10年以上、同じ仕事をしている人もいるだろう。

でも「それは危険だから焦って転職することを考えろ」と言っているのではない。

そういう人は、本来そこで活躍すべき使命なのかもしれないので、改めて丁寧に自分に向き合い、素直な感情を自覚し直すことが大切だと思う。

いずれにせよ、自分の本心に向き合うこと。それは忘れないようにしてほしい。

Keyword
憧れから逃げよう！
執着から逃れた先に本当の自分がいる

POINT!


ブレないことが大切なんじゃない。

ブレずにダメになることが一番怖い。

やりたいことは変わったってかまわない

夢を叶える人には2種類のタイプがいる。

それは、使命型と展開型だ。

使命型の代表例は、元メジャーリーガーのイチロー氏や、サッカー元日本代表の本田圭佑氏だろう。彼らは子供の頃から、自分のなりたいものに対して夢を持ち、ひたすら実現を目指して頑張ってきた人だ。

展開型は、決めた目標を一つひとつ達成し、様々な課題を乗り越えながら、進むべき方向性が見えてくる人。後付けかもしれないが、夢が途中で芽生えてくる人だ。僕はこのタイプの人間だ。

世の中全体では、どちらかと言えば展開型の人が多いだろう。小さな山を

Keyword

憧れから逃げよう！
執着から逃れた先に本当の自分がいる

乗り越えては、少しずつ高い山に挑戦し、見える景色が変わっていく。

もちろん、人生のフェーズによって、両方を経験する場合もある。

たとえば、世界一の選手を目指す使命型の人生から、ケガで挫折し、展開型に転じて成功をつかむ人。

あるいは、一個ずつ目標をクリアしていく展開型の人生を歩んでいたつもりが、あとになってみると「全てが少年時代の夢を叶えるための要素だった」と気づいた人……。小学校の先生という目標をいったん忘れたころ、ポケモンで子どもたちを楽しませる仕事についていた僕も、この要素はあると言えるかもしれない。

いまの若い人たちは効率ばかり追い求めて簡単に答えを出そうとしたり、少しのことで諦めたりしがちだ。一方、30代、40代の人は、今更夢なんて考えるほど若くはないと言う。

どちらにしても、夢は使命型の人だけが持つものという勘違いがある。

それは「大きな夢でなければ、夢とは言えない」と感じているからかもしれない。

でも、考えてみてほしい。

「こうなりたい」「こうしたい」「これを実現させたい」など、そこに大きいも小さいもない。**希望がある限り、人は成長し続けるし、向上し続ける。それを目指して頑張っている過程にこそ、本当は一番の幸せがある**ことが、次第にわかってくる。

いま、自分の目的に合った仕事ができていても、それをやり抜き、乗り越えていければ、自分から求めなくても、周りがあなたのいるべき環境やポジションを用意してくれるものだ。後は、そこにコミットできるかどうかを判断すればいい。

また、夢に向かって走っていく中で、思うようにいかないこと、躓くこと、遠回りしてしまうこともある。

逆に、**躓いて同じ場所に居続けたり、遠回りしなければ見られない景色も**

Keyword

憧れから逃げよう!
執着から逃れた先に本当の自分がいる

ある。飛行機で行く場合とローカル電車で行く場合とでは見える景色がガラリと変わるように。だから、一切無駄なことはないと思ってほしい。

達成した。やりきった。——という感慨を、あなたは得るだろう。

一つ夢を叶えたら、必ずまた新しい夢が、目標が生まれる。そして新しい壁にぶつかる。

しかし、その壁は乗り越えられるからこそ現れる。**決して、乗り越えられない壁など存在しない。**どう考えても無理だ、と感じられるなら、自分が考えた問題設定そのものを疑ってみよう。

そんな壁にぶつかった時、誰もが「大変だ」と悩むだろう。それは、自分が大きく変われるチャンスという意味だ。それを「大変」と言っているだけなのだ。

また、やりきった場合、「そこにしがみつくこと」から逃げよう。

前にも書いた通り、その判断基準は、「自分にしかできない仕事かどうか?」

だ。自分以外にやれる仕事ならさっさと他の人に譲って、新しい目的に向かって走るべきだ。

いろいろな山を経験して、そこから見える景色を多くの人たちや後輩に伝えていく。

どんな事業も仕事も結果も、終えてしまえばいつかは忘れ去られる。大事なことは、結果よりも自分が楽しめているかどうかだ。

POINT!

夢はチャレンジしながら見つけていけ。壁を乗り越える過程を楽しもう。

「直感」を磨いて幸運を引き寄せろ

直感は、感性を磨いていく中で研ぎ澄まされていく。

いろいろな失敗を繰り返し、失敗をすることで、無駄なことが省かれて本質が見えてくる。

感性とは、《本質が見えること》だ。センスという語で表現するよりも、こっちのほうが適切だろう。

感性を磨いた人は、本質が見えるから、強い。

だから、何かに迷ったり、いざ決断を迫られた際には、直感に従って決めるのが正しい、と僕は思う。

他人や社会のモノサシに縛られて生きていけば、失敗を他責にして、感性を磨くことを放棄してしまう。

それでは、「直感に従え」と言われても何が直感なのかさえわからない。

自分の軸で判断し、決断し、努力していくことでしか本質は見抜けない。

Keyword

執着から逃れた先に本当の自分がいる
憧れから逃げよう!

ただ、いますぐにでもできる直感の磨き方がある。

それは、「面白そう」「楽しそう」「何かありそう」という、ふとした感情に素直に従い、とにかく意味や理由を考えずに動くことだ。

「何となく」だけでやってみよう。

その繰り返しの中で、日常生活の些細(ささい)な決断に対して、感情を中心に選択してみる。

そのとき、決して頭で考えないこと。

頭で考えると、「これをやったら周りはどう思うだろうか?」「効果があるのだろうか?」など、思考が感情にフタを被せようとしてしまう。

この直感を磨く訓練は、**自分自身を生きる訓練にも繋がる。**

そして、直感で行動した際は、自分の直感は正しい！　鋭い！　運がいい！と意識的に思い込むことも大事だ。

また、いつもとは違う道で出社する、帰宅する、ＳＮＳで気になった人に直感のまま連絡してみるなども訓練になる。

なぜなら同じ風景、同じ人間関係ばかりの毎日を過ごしていると、脳の省エネ機構が働いて、観察力や発想力なども低下してしまうからだ。

POINT!

アタマで考えすぎず、「面白そう！」だけで動いてみよう。

「正しい答え」は、人間の数だけある

「俺の人生はこのまま終わるのかもしれない……」

人生のどん底期に、僕の頭の中を占拠していた思いだ。

見るもの全て、部屋の中も、街ゆく人も、何もかもが灰色に映り、メシを口に放り込んでも、砂を噛んでいるかのようで、まったく味を感じない。感情さえ素直に表現すらできない。そんな日々だった。

いままで一生懸命、できる努力をし、勉強も頑張り、有名私立大学に入学し、有名大手企業に入社した。なのに、まさかこんな自分になるなんて、受け入れられるわけがなかった。

でも、母の言葉をきっかけに、僕は変わることができた。

鎖から、逃げることができた。

人は、変わる決意さえあれば、いつでもどこでも変わることができる。自分の人生の舵取りは自分。思うままに好きに生きる権利を与えるのも、親や他人ではなく自分。そう思えた。

「自分らしい生き方」は、誰かが与えてくれるわけでもない。待っていればいつかはできるものでもない。仏とか神とか、天から幸せなるものが降ってきたり、与えられるわけでもない。

それは、自分で掴み取りにいくものだ。

悩みや苦しみという暗いトンネルにも、必ず出口がある。一歩ずつでも前に踏み出しさえすれば、必ず道は出口にたどりつくんだ、とわかってくる。

大地に倒れたなら、その大地から立ち上がるしかない。使命ある限り、必ず立ち上がれる。使命があるからこそ、いまここにいる。

迷路のようなジャングルも、トライアンドエラーを繰り返したって死ぬわけじゃない、絶対に、歩けば何とかなるんだ。

「本当の自分」や「自分に合った生き方」に、答えなんてのは、じつはない。ただ、自分で答えを与えていくだけなのだ。

正しい方程式も正解もなく、自分でそれ自体をも決めていくのが人生なんだから、とにかく少しでも興味が湧けばそこに飛び込んでみること。とにかくやってみること。

だって答えは自分で出していいのだから。

やって違うならやめる。やって楽しい、好きなら感謝する。新しい自分が見つかった喜びに浸る。

自分のモノサシで自分の軸で、やりたいことならとにかくやってみる。

日々の生活、例えばランチ。興味が湧く、好きのスイッチが入るメニューを選ぶ。周りと同じものを頼んだり、適当に決めたりしない。常に感情に優

執着から逃れた先に本当の自分がいる

Keyword 憧れから逃げよう!

しく丁寧に向き合っていく習慣を持ってほしい。

やりたいことを全力でやってみる。飛び込んでみる。悩む以前に、いまの感情に素直になって、目の前のことを全力でやる。無理に続けなくたって構わない。逃げたって構わない。後になって「逃げたことが正しかった」と言えればいいだけなんだから。


一度きりの人生だ。時間は有限だ。いつまでも若くはない。

やりたくないことをやっている時間が、悔いている時間が、いかにもったいないか。


いまや、必ずしも過去の延長線上に未来があるわけではない。いつでも道は変えられる。

可能性は無限大だ。本当の自分はその瞬間瞬間にしかない。他の誰かになったり、憧れや型にはめられた幸せの思い込みに左右されるのではなく、自分自身を「そのまま」世の中にぶつけてみる。

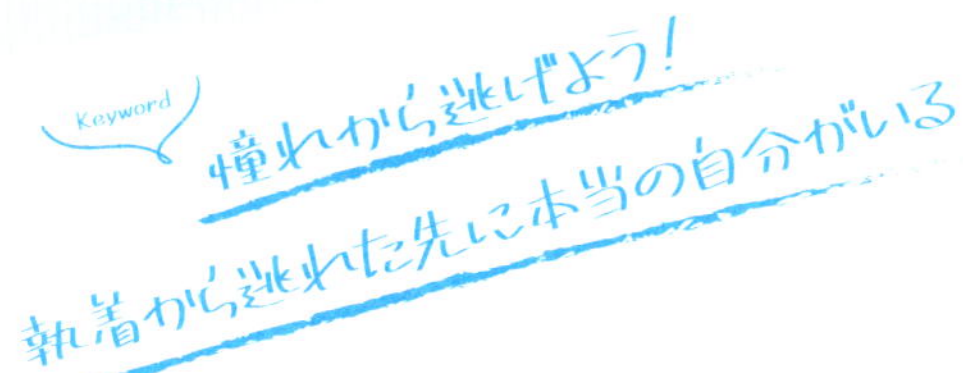

やりたいことをやるため、やりたいことを見つけるため。
そしてその先にある、自分を活かして働き社会を動かしていく、具体的な一歩を。
この僕ができて、あなたはできない、あなたは無理なんてあり得ない。
今度はあなた自身が、具体的な一歩を踏み出す番だよ。

POINT!

小さくても一歩を踏み出す。
そうすれば必ずジャングルを抜け出せる。

自分からだけは逃げるな！

現代は「ロールモデル不在の時代」と言われる。

「いい大学、いい会社への道が《幸せ》という、これまで当然とされてきた人生のレールが解体されてしまったし、「有名人や偉い人と知り合いになるのが《幸せ》」とも限らない。

そんな時代に、僕たちが自由と希望を持って働き、生きていくための方法を、僕自身の体験や心の内から引き出し、文字にして書き留めた。

それが、いまあなたが手にしている、この本だ。

そう、『続けない働き方。』。

「ロールモデル不在の時代」だからこそ、僕らはロールモデルを作っていける貴重な世代だ。

そう思って上を向いていこう。下の世代に希望と自由を与えよう。

そのためには、まずは僕らが希望と自由をもつこと。そして、いかに「自分」を生きるか。世間のモノサシではなく、自分のモノサシで生きるか。いかに憧れや思い込みの幻想から離れて、徹底的に自分を生き切る覚悟をするか。

――それを己に問い、実践していくことが、僕の出した答えだ。

働き方・生き方は変えられる。

この本を手にしてくれたこと自体、すでにあなたは一生懸命頑張ってきたという証だ。何とかしたいと願っていること自体、すでに自分を生きたいと心が叫びたがっている。


もう、動きだしているんだ。

おわりに

この本をお読みいただき、心から感謝御礼申し上げます。

いま、辛く、モヤモヤ、イライラの日々が続いているかもしれない。あるいは、この先どうしていいかわからない、絶望の淵にいるかもしれない。この本がそんなココロを少しでもフワっと軽くすることができたなら本望です。

自分だけの人生を。愛と自由と豊かさは手に入る。

あなたの「幸せ」を祈念して結びとします。

最後に、企画の段階から最後の最後まで本当に粘り強く付き合ってくださったClover出版の桜井栄一さんを始め、小川会長、小田社長、そして編集の田谷さん、写真を提供くださったryocoさん、本当にありがとうございました。おかげで納得のいく本作りができました。

また、本という形でまとめるきっかけを与えてくださった作家の石田久二さん。御礼申し上げます。

そして、そして、いつも支えてくれている世界一美しい妻、世界一可愛い息子、世界一最高な友達。大好きな母、妹、亡き父。偉大なる祖父、祖母。みんなみんなありがとう。

全てに感謝します。僕は「幸せ」です。

"HAPPINESS ONLY REAL WHEN SHARED."
(「幸福が現実となるのは、それを誰かと分かち合った時だ」)
(映画『イントゥ・ザ・ワイルド』より)

2019年9月

後藤達哉

【著者略歴】

後藤 達哉

ごとう　たつや

1985年生まれ。33歳で5回転職6社目のジョブホッパー、作家、YouTuber。

早稲田大学政治経済学部卒。新卒で東京海上日動火災保険株式会社に入社。

ブランド主義で駆け抜けてきた人生にココロが疑問を感じ、
配属2週間で仕事に身が入らなくなる。

人生初の挫折、絶望を知り、一時はうつ直前に。1年で退職。

そこまで追い込まれることで、はじめて自分のモノサシで生きることを目指し始める。

自分も楽しく、世の中をもっと楽しませる仕事がしたいと株式会社ポケモンに入社。

25歳でトップセールス、27歳で最年少マネージャーに就任。

その後、株式会社電通、株式会社レベルファイブにて妖怪ウォッチのライセンスビジネス、
映画やアニメのプロデュースに従事。

仕事を楽しみ、輝いて生きることをモットーに自らの働き方を改革。

上場前のウォンテッドリー株式会社からスカウトを受け、
アライアンス部門立ち上げ責任者としてジョインする。
数々の大企業と業務提携等コラボレーションを手掛け、上場に導く。
また、その傍ら複数の有名私立大学のキャリア教育の授業等に登壇し、啓蒙活動を行う。

自分の「想い」（目的）と「得意」（手段）を掛け算し、
常にどの業界でもどの会社でも「形」にする（結果を出す）働き方を確立。
現在は、MAMORIO株式会社に所属。アライアンス事業部長を務める。
2017年10月より個人活動を開始。
セミナー開催、ブログや本の執筆などをはじめる。
プライベートでは妻、息子と3人家族。
2018年3月に小田原の海辺に移住。
都内まで新幹線通勤をするなど、自由な働き方を実践している。

装幀・本文デザイン・DTP：横田和巳（光雅）
本文写真：ryoco okudaira
校正協力：新名哲明／大江奈保子
編集：田谷裕章

続けない働き方。

キミを解き放つ、たったひとつの方法

初版１刷発行 ● 2019年10月25日
２刷発行 ● 2019年11月１日

著者
後藤 達哉（ごとう たつや）

発行者
小田 実紀

発行所
株式会社Clover出版
〒162-0843 東京都新宿区市谷田町3-6 THE GATE ICHIGAYA 10階
Tel.03(6279)1912　Fax.03(6279)1913　http://cloverpub.jp

印刷所
日経印刷株式会社

ISBN978-4-908033-40-7　C0011

本書の内容に関するお問い合わせは、info@cloverpub.jp宛にメールでお願い申し上げます